AF567862

# TILL EULENSPIEGEL

Dreißig Streiche und Narreteien

*Nacherzählt und mit einem Nachwort*
*von Clemens J. Setz,*
*illustriert von Philip Waechter*

Insel Verlag

Insel-Bücherei Nr. 2014

# TILL EULENSPIEGEL

Dreißig Streiche und Narreteien

## *Von Till Eulenspiegels Geburt und seiner dreifachen Taufe*

Es war in Kneitlingen in Sachsen, an einem schwülen, bleiernen Tag. Claus Eulenspiegels Sohn war um die Mittagszeit geboren worden. Seine Frau Anne lag unter nassen Tüchern und schlief. Hin und wieder schaute die Hebamme nach ihr. Es war weiß Gott keine leichte Geburt gewesen, doch von Zeit zu Zeit entkam der jungen Mutter, ohne dass man den Anlass dazu erkennen konnte, ein kurzes Lachen.

Nach einigen Tagen wurde das Kind in das Dorf Ampleben zur Taufe gebracht. Dort erhielt es vor Gott und den Augen der Gemeinde den Namen Till. Sein Taufpate war der alte Burgherr von Ampleben, Till von Uetzen. Er hatte das unergründliche Gesicht eines Mannes, der vor fünfzig Jahren hatte mit ansehen müssen, wie sein eigenes Schloss von magdeburgischen Soldaten dem Erdboden gleichgemacht worden war. Jedes laute Geräusch erschreckte ihn und brachte ihn aus der Fassung. Aber das Weinen dieses kleinen Jungen ertrug er. Es klang, so fand er, nicht so schneidend wie das Geschrei anderer Neugeborener. Der Kleine war nun auf der Welt, ein lebendes Stück Natur, und nichts anderes drückte er aus durch sein lang anhaltendes Kreischen.

Nach der Taufe gab es ein kleines Fest im Amplebener Dorfgasthaus. Die Sonne schien, es war drückend heiß. Die Taufpatin, die um viele Jahre jüngere Ehefrau des Herrn von Uetzen, trank ein Glas nach dem anderen. Das Dorf wusste über sie nur zwei Geschichten zu erzählen: dass sie selbst nie Kinder bekommen hatte und dass sie sehr viele Musikinstrumente besaß. Fast jeder

Raum im Schloss beherbergte einige Instrumente, sie hingen an der Wand, standen in den Ecken, stapelten sich auf den zahlreichen Fensterbänken und Tischen.

»Trink nicht so viel«, sagte der Burgherr zu seiner Frau.

Sie reagierte nicht. Ihr Glas wurde neu gefüllt, und sie hielt es in die Höhe.

Als man das Kind zurück nach Kneitlingen bringen wollte, schrie sie, sie wolle es tragen. Es stünde ihr von Natur aus zu, als Taufpatin. Eine Frechheit sei das! Man solle ihr Gottes Gesetze nicht andauernd vorenthalten! Ihr Mann versuchte, sie zu beruhigen, aber es half nichts, sie schrie und zeterte immer weiter, und so reichte man ihr das Kind.

»Ja, du bist mein kleiner Musikant, hm?«, sagte sie und steckte ihren kleinen Finger in den Mund des Kindes.

Dies schien in der Tat eine beruhigende Wirkung zu haben. Selbst als sie taumelte und hart an einer Mauer streifte, schien das den kleinen Till nicht zu erschrecken.

»Nun hast du ihn lang genug getragen«, schlug ihr Mann vor.

»Lass mich!«, bellte sie ihn an. »Du bestehst doch nur aus Kirchenglocken! Da, immer da ... Geläut und Gelärm den ganzen Tag!«

Sie ging schneller, heftig schwankend. Der Burgherr hatte Mühe, mit ihr Schritt zu halten.

»Gib acht!«, rief er ihr hinterher.

»Ich und keine gerade Melodie herausbringen«, murmelte die Frau. »Ich werd dir schon zeigen ...«

Sie kamen an einen Bach, über den eine Brücke führte. Davor blieb die Frau stehen. Sie schien zu zögern. Für einen Augenblick sah es so aus, als wäre sie bereit, das Kind herzugeben, aber als der besorgte Taufpate danach fassen wollte, riss sie es wieder an sich, fauchte ihn an, er solle sie mit seinem ständigen, jämmerlichen Geläut in Frieden lassen, und schritt über die schmale Brücke. Schon nach zwei Schritten pendelte sie plötzlich nach links, als hätte ihr ein unsichtbares Gespenst eine Ohrfeige verpasst. Sie fasste nach dem Geländer, aber da war keines.

»Herr Jesus!«

Der Burgherr lief eilig hinzu, einige Frauen kamen ebenfalls zu Hilfe. Man half dem Weib, das immer noch das Kind an sich gedrückt hielt, aus dem Wasser.

»Lasst mich!«, schrie sie und strampelte.

Sie spuckte Wasser. Man trocknete das Kind, so gut es ging. Glücklicherweise atmete es noch.

»Eine Schande«, murmelte der Burgherr.

Seine Frau weinte jetzt still vor sich hin. Man brachte das Kind in ein nahe gelegenes Haus und wusch es in einem großen Kessel mit sauberem Wasser aus dem Hausbrunnen.

»Jetzt ist er drei Mal getauft worden«, sagte die Taufpatin, die auf einem Stein in der Sonne saß. Sie zog und zerrte an ihren nassen Kleidern, bekam sie aber nicht ab.

Als man den kleinen Till an ihr vorbeitrug, streckte sie wieder die Arme aus. Aber man ließ sie nicht mehr an das Kind. Jemand legte ihr, um sie zu beschäftigen, eine kleine Flöte in die Hände. Da gab sie endlich Ruhe.

## *Wie Till bewies, dass er kein schlechter Junge sei*

Als der kleine Till etwa drei Jahre alt war, wurde er alle paar Augenblicke von einem grellen Übermut gepackt. Er rannte mit den anderen Kindern durch das Dorf, warf sie über den Haufen und versuchte alles, damit sein Übermut auf die anderen überspringen würde. Aber die Kinder liefen irgendwann einfach nach Hause und erzählten, Till spiele ihnen üble Streiche. Das Wort *Lausbub* fiel immer öfter.

Eines Tages rief Claus Eulenspiegel, zu dieser Zeit schon ein alter Mann, seinen kleinen Sohn zu sich.

»Till!«, sagte er. »Komm her.«

Der Junge trat ins Zimmer. Es war ein unpassender Zeitpunkt gewesen, um vom Vater gerufen zu werden, denn er hatte sich gerade draußen im Garten mit einer Blindschleiche unterhalten, die er immer noch in Händen hielt. Er versteckte sie hinter seinem Rücken, während der Vater das Wort an ihn richtete.

»Die Leute im Dorf sagen, du würdest ihre Kinder auf dumme Ideen bringen«, sagte er. »Sie reden sogar im Gasthaus davon.«

»Ich tu doch gar nichts«, sagte Till.

Die Blindschleiche ringelte sich, ihr wurde langweilig. Sie wollte zurück in den warmen Sonnenschein.

»Aber die Leute behaupten es«, sagte der Vater. Er nahm einen Schluck aus seiner Flasche. »Ich kann es nicht mehr hören.«

»Ich hab nichts getan.«

Der Vater schien ratlos.

»Irgendeinen Grund muss es doch geben für all die Klagen. Ich hab genug von deinen Lügen, Till. Immer streitest du alles ab, und dann sitzt wieder eine Kröte in meinem Hut. Widerliche Höllenbrut ...«

Die Blindschleiche wurde nun wirklich unruhig. Möglicherweise mochte sie es nicht, wenn über ihre Artgenossen hergezogen wurde. Till ließ sie in seine Hose gleiten. Sie war eiskalt und glitschig.

»Was zuckst du so?«, fragte der Vater.

»Ich … ich würde gerne ausreiten, Papa. Mit dir.«

Das Zauberwort wirkte. Die Miene des alten Mannes entspannte sich. Vater und Sohn auf einem Pferd. Ja, so war es schon mit seinem Vater gewesen und auch davor: Vorfahre und Nachfahre. Es war eine heilige Einheit.

»In Ordnung«, sagte er. »Aber nur, wenn du brav bist.«

»Ich bin ganz brav, Papa! Ich sitze immer still hinter dir. Die Leute im Dorf werden es auch sehen.«

»Ja«, sagte der Vater. »Das will ich hoffen.«

Sie ritten los. Till saß hinter seinem Vater und schlang seine Arme um dessen Hüften. Das Hemd des alten Mannes hatte mehrere Schweißflecken auf dem Rücken, es roch säuerlich, aber vertraut.

Als Till bemerkte, dass einige Bauern hinter ihnen hergingen, zeigte er ihnen seinen nackten Hintern und schüttelte die Blindschleiche aus seiner Hose. Sie fiel in den Staub der Landstraße.

»Was zum Teufel macht der Bengel da?«, fragte einer der Bauern.

»Ah, das ist der Sohn vom Eulenspiegel. Der ist ein Idiot.«

»Ich denke, er macht das mit Absicht.«

Till spürte, wie sein Vater zusammenzuckte. Der alte Mann blickte sich nach den Leuten um, die so über seinen Sohn gesprochen hatten.

»Siehst du, Papa? Ich tu gar nichts. Ich sitze nur still da.«

»Ja, Till. Ich weiß. Das sind in der Tat seltsame Menschen. Sehr seltsame Menschen.«

Er sagte dies laut genug, dass es die anderen hören konnten. Sie warfen ihm nun ihrerseits feindselige Blicke zu, also setzte Claus Eulenspiegel seinen kleinen Sohn vor sich aufs Pferd. So war es besser. So hatte ihn auch sein Vater immer gehalten.

Nun kamen sie an einigen anderen Bauern vorbei. Till schnitt ihnen Grimassen. Die Bauern zeigten auf ihn und sagten: »Da, der Lausbub!«, und: »So ein Dummkopf.«

»Seltsame Leute«, murmelte Claus Eulenspiegel. Er sagte es ohne Wut, mehr mit Bedauern. Es war nicht mehr seine Zeit. Die Manieren waren so anders geworden. Der Blick der Menschen war hart und abweisend.

»Ich tu doch ga-«

»Ja, Till, ich seh's«, sagte der alte Mann. »Ich seh's.« Er legte ihm eine Hand auf die Schulter und streichelte ihn.

In den Tagen darauf war der Vater in gedrückter, düsterer Stimmung. Er saß am Fenster und beobachtete die Leute, die sich draußen bewegten. Wenn er dem Blick eines Fremden auf der Landstraße begegnete, kniff er die Augen zusammen, als wehte ihn ein scharfer Wind an.

»Es ist was Schlimmes um die Nachbarschaft«, hörte man ihn sagen. »Nicht einmal die einfachsten Dinge verstehen sie. Vater und Sohn auf dem Pferd. Sie sehen es nicht mehr. Sie sind blind dafür. Höllenbrut.« Für einen Augenblick sah es so aus, als wollte er in Tränen ausbrechen. Aber dann legte er sich nur eine Hand in den Nacken und blickte zur Erde.

Ihm war jetzt oft tagelang kalt, obwohl es draußen freundlich und sonnig war. Er aß wenig. Er redete nachts mit sich selbst. Und er schreckte aus Träumen hoch, in denen er Fahnen über seinem Anwesen flattern sah, sie hingen über dem Dach, ohne Stange. Ein andermal träumte er von marschierenden Musikanten mit Gesichtern wie Löffelrückseiten. Seine Frau fragte ihn immer wieder, was geschehen sei, er wirke so ängstlich, sie mache sich Sorgen. Aber er wich ihren Fragen aus. Die Meinung der Leute, sagte er schließlich, sei wie ein großer, schwarzer Handschuh. Man entkomme ihr nicht. Am Ende würden sie alle darunter ersticken. Nicht einmal die einfachsten, unschuldigsten Vorgänge der Welt seien davor sicher.

## *Der Umzug der Familie, der Tod des Vaters und die Seiltanzversuche des jungen Till*

Einige Zeit später drängte Claus Eulenspiegel plötzlich darauf, umzuziehen. Anne war zuerst dagegen, aber dann sagte er ihr, dass es ins Magdeburgische gehen solle, in ein kleines, mit einer Hügelflanke verwachsenes Dorf an der Saale. Annes Geburtsort! Dort werde es ihnen zweifellos bessergehen, versicherte Claus. Er sprach von der Warmherzigkeit der Leute, ihrem freundlichen und zugänglichen Wesen.

Die ersten Wochen im neuen Haus waren schwierig, vieles musste ausgebessert, manches völlig neu gebaut werden. Claus klagte manchmal über eine kleine Sonne in seinem Gesichtsfeld und fragte, ob die anderen auch von ihr geblendet würden. Man verneinte. Er schüttelte den Kopf und rieb sich die Augen. Eines Morgens blieb er im Bett liegen und war nicht zu bewegen, aufzustehen.

»Da sind Reiter«, sagte er und deutete an die Decke, wo die Lichtreflexion eines von der Morgensonne beschienenen Wasserglases zu sehen war.

Man half ihm dabei, sich aufzusetzen, aber er sackte ständig seitlich weg. Er lallte. Till musste lachen. Aber die anderen zeigten sich besorgt, und Till wurde in den Hof zum Spielen geschickt. Nach einer Weile hatte man den Kranken so weit, dass er sagen konnte, wo es ihm wehtue. Er deutete auf den Himmel, der sich im Fenster zeigte. Da, sagte er, da tue es ihm weh. Das Sprechen fiel ihm schwer. Einer der Knechte bemerkte, dass die linke Pupille größer war als die rechte. Nach einer Weile erhob sich Claus Eulenspiegel und wollte hinaus zu seinem Sohn. Er hatte es plötzlich sehr eilig. Aber er verfing sich in der Bettdecke, sie schien kein Ende zu haben. Egal, wo er sie anpackte, sie ließ sich nicht fortziehen. Wie eine riesige schneeige Hügelflanke.

Claus Eulenspiegel starb gegen Mittag, nachdem er in ein tiefes Delirium gefallen war.

Nach dem Tod des Vaters ging es mit der Familie bergab. Die Knechte zogen einer nach dem anderen fort, da man sie nicht mehr bezahlen konnte. Till musste bald kleine Arbeiten auf benachbarten Höfen übernehmen. Aber er sträubte sich. Mit jedem Jahr, das er älter wurde, sperrte er sich mehr und mehr gegen die Vorstellung, bei jemandem in Diensten zu stehen. Obwohl er nun schon sechzehn Jahre alt war, kletterte er immer noch auf Bäume und jagte kleinen Tieren hinterher. Und eines Tages spannte er ein Seil über den Fluss, von der Rückseite seines Elternhauses zu einem anderen. Darauf übte er das Balancieren.

Mit der Zeit versammelten sich die Leute, um die neuartige Attraktion zu betrachten. Till gefiel das sehr. Gleichzeitig wusste er auch, dass es seine Mutter ärgern würde. Sie saß nun immer in der Stube und machte sich Sorgen um die Zukunft. Sie hatte Zahnlücken und wiederholte stets dieselben Sätze. Till wusste, dass er längst der einzig normale Mensch im Haushalt war.

Er kletterte auf das Seil. Noch musste er sich an der Hausmauer festhalten, er schwankte, aber er fiel nicht. Jetzt musste er sich nur von der Mauer lösen und losgehen, dann wäre das Wunder perfekt – die blöden Gesichter würden sich verwandeln in Masken des Staunens! Man würde erkennen, was für ein Kerl er war und wie nutzlos er seine Talente mit den erniedrigenden Arbeiten vergeudete, zu denen seine Mutter ihn immer antrieb.

Er machte einen Schritt.

Das Wasser unter ihm bewegte sich schneller. Hätte er von diesem unheimlichen Effekt etwas geahnt, er hätte das Seiltanzen nie begonnen. Tatsächlich, so rasch ... Noch ein Schritt. Nun hielten nur noch die Spitzen seiner augestreckten Finger Kontakt zur Mauer. Und die Saale floss noch schneller ... Ich muss woanders hinblicken, dachte er. Aber in den Gesichtern der Gaffer sah er nun etwas Grausames. Jeder einzelne erwartete seinen Sturz! Er blickte in den Himmel. Dort gingen Wirbel ineinander über, unsichtbar zwar, aber dadurch umso bedrängender.

»Till! Was tust du da?«

Er hörte die Stimme der Mutter, erlaubte ihr aber nicht, in seinen Kopf einzudringen. Er musste sich konzentrieren. Wenn er es schaffte, den Weg über das Wasser unbeschadet hinter sich zu bringen, wäre er von ihr befreit.

Seine Hand löste sich von der Mauer. O Gott, nicht hinunterblicken! Er ging, ja, er setzte einen Fuß vor den anderen. Ich bin kein Kind mehr. Wenn ich drüben ankomme, bin ich ein Mann. Dann gibt es nichts mehr, was sie mir befehlen kann!

Aber da gab mit einem Mal das Seil unter ihm nach, die Erdanziehung erfasste ihn, und er fiel ins Wasser, noch bevor er wusste, wie ihm geschah. Eiseskälte und Tosen, er schluckte Wasser und patschte sich an die Oberfläche, er spuckte und hustete. Ringsum Gelächter und Gejohle. Er blickte zurück zum Haus. Da lehnte die Mutter aus dem Dachbodenfenster mit einer Schere in der Hand. Ihr Gesicht streng und unerbittlich. Till konnte es nicht glauben.

Die Nachbarsjungen schrien und applaudierten seiner Mutter. Sie zeigten auf Till und pfiffen ihn aus.

Seine Mutter rief ihm zu, er solle sofort ins Haus kommen, er hole sich noch den Tod.

Till blieb im Wasser. Es war kalt, aber immer noch besser als das, was an Land auf ihn wartete. Sollte der Tod doch kommen und mit ihm schwimmen. Vielleicht werde ich ja ein berühmter Schwimmer, dachte Till und paddelte ein paar Meter in Richtung Ufer. Dann ließ er sich in der Strömung treiben und erreichte die Dorfgrenze. Dort stieg er an einer Stelle an Land, die ihm weit genug entfernt schien von allem, was mit seinem Leben zu tun hatte. Er saß frierend im Gras und ließ sich von der Sonne trocknen. Die Landschaft war hier weit und farblos. Bauern bewegten sich wie winzige Kerzendochtfiguren über die Felder, und das Geräusch ihrer Sensen erzeugte ein eigenartiges Schwirren in der Luft. Till vermisste seinen Vater. Und das alte, gute Pferd, den Anblick seiner gespitzten Öhrchen. Ich werde euch noch, dachte er, während seine Zähne klapperten. Ich werde euch alle noch. Sein Blick fiel auf einen Baum, der in der Nähe stand. An einer dünnen Schnur hatte jemand eine tote Krähe daran festgebunden. Till hatte das seltsame Gebilde zuerst für einen Schuh gehalten. Er erhob sich und ging in Richtung Dorf zurück. Alle paar Schritte scherte er seitlich aus und trat die kleinen, hellen Löwenzahn-Köpfe von ihren Stängeln.

## *Der Streich mit den Schuhen*

Am nächsten Tag spannte Till noch einmal ein Seil zwischen zwei Häusern. Diesmal achtete er darauf, dass seine Mutter es nicht mitbekam. Bald sammelten sich die Kinder der Nachbarschaft um ihn, lachten, deuteten an, er werde wieder herunterpurzeln. Sie ahmten ihn nach, wie er gestern im Wasser herumgepatscht war. Er verkündete, er brauche, um seinen neuen, verblüffenden Trick vorzuzeigen, unbedingt eine Spende des verehrten Publikums. Die Kinder lachten.

»Euren linken Schuh«, sagte Till.

Aber nur ein einziger Junge brachte ihm das Verlangte. Er war schwachsinnig, und seine Schuhe bestanden im Grunde nur aus Lappen, um die eine Schnur gewickelt worden war. Die anderen hielten sich zurück, sie misstrauten ihm.

»Aus den auf das Seil gefädelten Schuhen werde ich eine der entsetzlichsten Kreaturen zaubern, die die Erde kennt!«, sagte Till. »Schrecklicher als der Wolf, hinterlistiger als die Krähe, zorniger als der Stier!«

Gemurmel ging los. So ein Wesen wollte man natürlich sehen! Einige Kinder brachten ihm ihre Schuhe. Nach und nach kamen immer mehr. Till sammelte sie ein. Dann kletterte er auf das Seil. Es war nicht leicht, das Gleichgewicht zu halten.

»Aufgepasst«, sagte er.

Er setzte sich auf das Seil und schwang hin und her. Dann hängte er den ersten Schuh auf. Sie sahen tatsächlich alle gleich aus, stellte er fest. Alle Kinder trugen dieselben Schuhe. Es gab nur einen Schuster im Dorf. Auch Till hatte seine von ihm erhalten.

Die Schuhe hingen da. Die Menge stand unter ihm.

»Aufgepasst«, wiederholte er.

Und er zog die Schere seiner Mutter aus der Tasche. Mit ihr Schnitt er einen Schuh nach dem anderen ab. Sie fielen ins Gras.

Die Kinder schauten. Niemand bewegte sich. Noch erwarteten alle die Vollendung des Zaubertricks. Aber es kam nichts.

»Findet euren Schuh heraus, Höllenbrut«, rief Till.

Das Geschrei war ungeheuerlich. *Das ist meiner! – Nein, meiner! – Her mit meinem Schuh! – Du verdammter Dieb!* Es dauerte nicht länger als einige Sekunden, um eine Gruppe stiller, erwartungsvoller Zuschauer in eine Horde brüllender Soldaten auf dem Schlachtfeld zu verwandeln. Von irgendwoher waren einige ältere Leute gekommen und schlugen ebenfalls aufeinander ein. Sie kratzten, bissen, würgten. Der Schwachsinnige lag auf dem Boden. Sein Arm ragte in die Höhe wie ein gebrochener Windmühlenflügel. Hin und wieder bewegte er ihn, als versuche er, jemandem zuzuwinken. Till musste lachen. Er schwankte hin und her und krähte.

»Da habt ihr's!«, schrie er. »Nicht einmal Augen für die einfachsten Dinge habt ihr! Höllenbrut!«

Danach durfte sich Till mehrere Wochen nicht mehr in der Nachbarschaft blicken lassen. Er saß in der Stube und erledigte kleine,

sinnlose Arbeiten. Das sah die Mutter sehr gern. Sie setzte sich zu ihm und erklärte ihm, dass er, mit ein bisschen Hingabe und Fleiß, doch noch einen Platz im Leben finden werde. Jetzt sehe es zwar noch nicht danach aus, aber bald, eines Tages, möglicherweise … Er müsse nur immer genau das machen, was er jetzt auch mache. Eine überschaubare, ordentliche Arbeit mit seinen Händen. Und nicht auf Gedanken kommen. Für den Fall, dass ihm langweilig werde, könne sie ihm Lieder beibringen, die er still für sich singen könne, während der Arbeit. Aber mit der Zeit werde die Langeweile ohnehin weniger und weniger. Nach einigen Jahren gebe es derlei gar nicht mehr. Till tat so, als sei er begeistert. Er sagte seiner Mutter, er habe vor, für immer und ewig in dieser Sitzhaltung zu verweilen und diese sinnlosen Arbeiten auszuführen. Man könne einen Schlauch in seinen Mund und einen anderen in seinen Hintern einführen und ihm damit das Geschäft der Nahrungsaufnahme und -ausscheidung abnehmen, auch den Schlafdrang wolle er überwinden und am Ende wäre das genau das richtige Leben für ihn. Zuerst lächelte die Mutter freundlich, aber dann verzog sie ihr Gesicht und sagte:

»Dass du immer gleich so übertreiben musst. Ganz wie dein seliger Vater.«

»Höllenbrut«, flüsterte Till.

»Was?«

»Gar nichts«, sagte Till. »Ich hab hier nur einen kleinen Fehler gemacht.« Er hielt seine Arbeit hoch. »Ich bleibe ewig so sitzen, bis ich mit dem Stuhl und meiner Arbeit verwachsen bin. Du wirst sehen, das wird ganz großartig! Du wirst begeistert sein, liebe Mutter.«

»Ach, Till …«

Kaum war sie aus dem Zimmer, zerriss und zerfetzte Till alles, was er in den Händen hielt. Und was er nicht kleinbekam, zerbiss er mit den Zähnen.

## *Wie Eulenspiegels Mutter ihn ermahnte*

Natürlich bemerkte seine Mutter recht bald, dass Till seinen neuen Beschäftigungen nicht ernsthaft nachgegangen war. Er saß jetzt wieder nur herum, spielte mit Wollschnüren, band sie zu bunten Rattenkönigen zusammen und lag oft lange im Bett und starrte auf die Flecken an der Decke. Er hatte ihnen allen einen Namen gegeben.

»Till«, sagte die Mutter. »Ich wollte, du würdest ein anständiges Handwerk erlernen.«

»Mhm«, machte Till.

»Dir läuft die Zeit davon«, sagte sie. »Man muss sich in frühen Jahren daran gewöhnen.«

»Ich weiß. Stetes Bemühen höhlt den Stein.«

Die Mutter stimmte ihm zu. Sie schlug ihm einige Dinge vor, die er versuchen könnte.

»Ja, ja, Mutter«, sagte Till. »Du hast vollkommen recht. Was du heute kannst besorgen, das verschiebe nicht auf morgen. Sonst hast du zwei Spatzen mit einem Stein erschlagen.«

»Schön, dass du das einsiehst«, sagte die Mutter.

»Ich sehe es ein. Ich stehe felsenfest dahinter.«

»Wunderbar, Till. Was sagst du dazu, wenn du's beim alten Meister Ulrich versuchst. Das Küfer-Handwerk wird dir gefallen.«

»Ganz und gar, liebe Mutter.« Till lag jetzt starr und sprach zu den Flecken an der Decke. »Wer arm ist an Talent, der werfe nicht den ersten Stein.«

»Ich werde ihn fragen, ob er noch einen Lehrling braucht.«

Mit einem Mal setzte sich Till auf. Er sah aus, als wäre ihm gerade ein gewichtiger, folgenschwerer Einfall gekommen.

»Ich hab's«, sagte er. »Egal, was einer sein Lebtag für eine Arbeit verrichtet, er wird daran genug haben.«

»Ich verstehe nicht, Till.«

»Das ist die Lösung.«

»Aber … wir haben nicht genug. Wir hatten das letzte Mal vor vier Wochen frisches Brot zuhause.«

»Das ist keine Antwort«, sagte Till. »Das ergibt keinen Sinn. Ein armer Mann, der nichts zu essen hat, kann wohl zu St. Nikolaus fasten, und falls er doch etwas hat, so isst er mit St. Martin das Abendbrot. Also essen wir auch. Überleg mal.«

Die Mutter überlegte. Aber sie verstand nichts, man sah es ihr an. Ihr Sohn stand auf, klatschte in die Hände und sagte:

»Das ist die Lösung!«

»Wenn du's sagst, Till«, murmelte sie und ging aus dem Zimmer.

Er hörte sie in der Schublade herumkramen, wie sie es fast jeden Abend tat. In der Schublade lagen nur ein paar alte Holzteile, die zu nichts zu gebrauchen waren. Aber aus irgendeinem Grund zog es seine Mutter zu diesen Stücken. Möglich, dass sie sie an etwas Schönes aus der Vergangenheit erinnerten. Also schob sie sie hin und her, machte die Schublade auf und zu. Das Geräusch beruhigte ihn, und er nickte bald darüber ein.

## *Wie Till Brot besorgte*

Am nächsten Morgen jammerte die Mutter wieder los. Ob ihre Wangen schon sehr eingefallen seien?, fragte sie. Es gab im Haus keinen Spiegel. Der Sohn verneinte. Er versicherte ihr, sie sehe aus wie immer. Aber sie bestand darauf, am Hungertuch zu nagen. Sie führte ihre Finger zum Mund und legte sie an die Lippen, wie um ihm durch Pantomime zu verstehen zu geben, worum es ihr ging.

»Ja, ja, Mutter«, sagte Till. »Brot! Immer Brot! Es wird schon kommen.«

»Nein, Till, es kommt nicht«, jammerte die Mutter. »Wir werden verhungern. Ich bin eine alte, gebrechliche Frau. Und mein Sohn ist ein Nichtsnutz. Ach, es wird übel mit uns enden. Die Nachbarn werden uns finden, blankgenagt von –«

Till flüchtete ins Freie. Dieser immer gleiche Klagegesang! Sie wollte Brot? Gut, er würde ihr Brot besorgen. Das konnte doch nicht so schwer sein. Überall hatten die Menschen etwas zu essen. Es wollte fast so scheinen, als regnete es ihnen über Nacht auf die Teller und Tische.

Wenn sie nur endlich Ruhe geben würde, dachte Till. Immer dieses Gejammer und Gemecker. Und mein Seil entzweigeschnitten hat sie auch.

In seiner Wut war er sehr schnell gegangen. Außerdem war es ein kühler Tag, und er trug nur dünne Kleider. Nach einer Weile begann er zu laufen, weil ihm so wärmer wurde. Er gelangte aus dem Dorf und auf die Landstraße. Merkwürdigerweise war sie wie ausgestorben. Um diese Tageszeit? Es verwunderte ihn ein wenig, aber er dachte nicht weiter darüber nach.

An einer Weggabelung bemerkte er, dass es ihm guttat, zu laufen. Er nahm die Abzweigung nach Straßfurt, ohne besonderen Grund. Er hatte die Entscheidung seinem Körper überlassen. Durch das Laufen kam er zu sich. Er hörte sein Herz schlagen, er spürte den Widerstand der Luft, er keuchte, und auch die Gelenke waren da. Nach der Reihe begannen sie auf eine angenehme Weise zu schmerzen, als leuchteten sie auf.

In der Stadt angekommen, stieß er bald auf einen Bäckerladen. Er betrat ihn. Der Bäcker betrachtete ihn misstrauisch, wohl weil er Dorfkleidung trug, und vielleicht auch, weil er vollkommen verschwitzt war.

»Guten Morgen«, sagte Till.

»Morgen«, erwiderte der Bäcker.

»Lieber Mann, mein Herr hat mich geschickt. Er ist der edle Burgherr von Eulenbrut, und ich soll ihm für zehn Schilling Roggen- und Weißbrot bringen. Mein Herr ist sehr ungeduldig. Und hungrig. Er jammert und schimpft den ganzen Tag mit mir und gibt mir, wenn ich nicht tue, was er mir aufträgt, sinnlose Arbeiten auf.«

Der Bäcker nickte. »Das macht dann also zehn Schilling, Bursche«, sagte er.

»Oh«, sagte Till, »ich darf kein Geld handhaben. Ich habe nämlich niemals zählen gelernt. Mein Herr wäre böse, wenn ich mich verzählte. Könnt Ihr mir das Brot und einen eurer Jungen mitgeben, der dann das Geld in Empfang nimmt?«

Der Bäcker murrte. Aber schließlich willigte er ein.

»Wo ist dein Herr?«, fragte er.

Mit dieser Frage hatte Till nicht gerechnet. Er erinnerte sich, am Ortsrand an einer Herberge vorbeigekommen zu sein. Aber er konnte beim besten Willen nicht mehr sagen, wie sie hieß.

»In der Herberge am Ortsrand, Ihr wisst schon«, sagte Till.

»Im Hirschen?«

»Ja, die wird's sein.«

»Wie?«

»Ich meine, ja. Die ist's.«

»Nun gut.«

Der Bäcker rief nach seinem Jungen. Es erschien ein riesiges Gebilde von Mensch mit einem sackartigen, geschwollen wirkenden Hals, auf dem ein kleiner, seltsam rötlicher Kopf hockte. Das Gesicht hatte rattenähnliche Züge, aber die Augen blickten freundlich und wohlwollend. Zweifellos war dieser Bursche bärenstark. Der Bäcker erklärte ihm, was er zu tun hatte.

Er zählte die Brote in einen Sack und reichte diesen – Till streckte schon die Hand danach aus – seinem Jungen.

Damit gingen sie los.

Till kam es vor, als wäre es draußen um eine halbe Jahreszeit kälter geworden. Er sah Krähen in einem Baum. Er sah einen schwachsinnigen Bettler mit verwinkelten Beinen. Er sah einen schlafenden Soldaten vor einem Wirtshaus. All das waren gewiss üble Vorzeichen. Was soll ich tun?, dachte er. Ich kann diesen Bären von Mensch auf keinen Fall überwältigen. Er zerquetscht mich mit seiner linken Hand. Und wie schnell er ausschreitet, man kommt fast nicht nach!

»Halt!«, rief Till. »Nicht so schnell, bitte.«

Der Junge verlangsamte seinen Schritt. Till bemerkte, dass an dem Brotsack, den er auf dem Rücken trug, die Naht aufgegangen war. Gerade weit genug, dass man hineinlangen und –

»Ich welcher Herberge wohnt dein Herr noch mal?«, donnerte die Stimme des Burschen.

Till zog seine Hand zurück.

»Im Hirschen«, antwortete er.

»Richtig«, sagte der andere.

Sie hetzten weiter.

Nun gelang es Till, in den Sack zu greifen und einen Laib Brot herauszuziehen. Vorsichtig, vorsichtig. Da hatte er ihn. Er ließ ihn auf die Straße fallen, mitten in den ärgsten Dreck.

»Oh nein!«, rief er.

»Wie? Was?«

Der Riese drehte sich um.

»Dir ist der Brotsack aufgerissen, lieber Freund«, sagte Till. »Was rennst du auch so? Hab ich dir nicht gesagt, du sollst langsamer gehen? Jetzt wird mein Herr wütend werden, ach, herrje! Er wird mich verprügeln, wenn ich ihm dieses schmutzige Brot vorsetze. Ich kann unmöglich mit einem solchen Brot vor ihn treten!«

Er hielt es dem Burschen hin. Dieser griff wie selbstverständlich nach dem schmutzig gewordenen Brot. Till brauchte nur seine eigene Hand aufzuhalten und erhielt den Brotsack im Gegenzug. Vieles lief auf derlei Weise zwischen Menschen ab. Wie ein Gliederpuppentanz, ohne wirkliche Gedanken.

»Lauf doch bitte zurück und hol einen frischen Laib«, sagte Till. »Ich bin heute schon einmal verprügelt worden. Ich überlebe es kein zweites Mal.«

Der andere nickte. Er verstand. Er kannte, trotz seiner Größe und Stärke, die Erniedrigung und den Schmerz von Schlägen. Es gab Geräte, mit der man jeden körperlichen Kräftevorteil ausgleichen konnte, und sein Herr, der Bäcker, wusste sie zu gebrauchen.

Er rannte zurück.

Sobald er um die Ecke gebogen war, lief Till mit dem Brotsack davon, so schnell er konnte, und kam bald an den Rand der Stadt. Dort musste er ausruhen. Das viele Laufen hatte ihn angestrengt. Da entdeckte er ein Fuhrwerk, das ihm bekannt vorkam. Ja, natürlich, es gehörte Meister Ulrich aus dem Dorf, dem Küfer. Er ging hin und fragte den Fuhrknecht, ob er bald zurückfahren würde und ob es überdies denkbar wäre, ihn mitzunehmen. Er könne auch einen Laib Brot als Fahrgeld bezahlen.

»Nicht nötig«, lachte der Fuhrknecht. »Der Meister gibt mir gut zu essen. Kannst aufspringen. Wir fahren gleich ab.«

Till lag auf der leeren, nach Holz und Teer riechenden Ladefläche. Die Pferde trabten gemächlich dahin. Für sie ging es nach Hause in den Stall, sie mussten sich nicht eilen. Till schloss die Augen, ließ sich von dem Gefährt hin und her schaukeln und stellte sich vor, wie der Bursche mit einem neuen, sauberen, aber vermutlich etwas kleineren Laib Brot an die Stelle kam, wo er ihn verlassen hatte. Und dort – kein Sack, kein Fremder. Der Bursche irrte eine Weile umher, rief, begriff nicht, was geschehen war. Irgendwann dämmerte es ihm, und er bekam es mit der Angst zu tun. Till lächelte. Der Bursche lief zurück zum Bäcker und beichtete ihm sein Missgeschick. Der Bäcker schäumte vor Wut. Er packte seine Peitsche. Und der Bursche – ja, nun hatte er zwei Möglichkeiten. Entweder tun wie bisher, sich bücken, damit das kleine, unappetitliche Bäckermännchen mit der Peitsche auf seinen breiten Rücken gelangen konnte, und die Schmerzen der Züchtigung empfangen. Oder sich wehren und den Bäcker mit der linken Hand zerquetschen. Entscheid dich gut, dachte Till. Und er zog den Sack Brot etwas näher heran und drückte ihn an sich.

## *Wie Till das Weckbrot beim Gutspächter essen musste*

Im Dorf gab es einen alten Brauch. Wenn ein Bauer ein Schwein schlachtete, war er verpflichtet, die Kinder aus der Nachbarschaft zu sich nach Hause einzuladen und ihnen Suppe oder Brei zu geben. Dies wurde das *Weckbrot* genannt. Eines Tages schlachtete der Gutspächter in der Nähe ein Schwein.

»Ist das nicht wundervoll?«, sagte Tills Mutter am Morgen. »Da möchte ich auch gern wieder Kind sein, um ein freies Mahl genießen zu können. Und noch dazu bei einem so vornehmen Mann.«

Till verzog das Gesicht.

»Der ist doch geizig«, sagte er. »Das weiß jeder.«

»Üble Nachrede«, sagte die Mutter. »Er ist ein Mann von hoher Kultur. Er redet nur Hochdeutsch mit seinen Knechten.«

»Er redet was?«, fragte Till.

Das Wort hatte er noch nie gehört.

»Egal«, sagte die Mutter. »Geh zu ihm. Es wäre unhöflich, fernzubleiben.«

»Weißt du, was ich gehört habe?«, sagte Till. »Dass er Kinder zubereitet und frisst.«

»Ach, Unsinn«, sagte die Mutter. »Du hast einen Kopf voll dummer Geschichten, Till!«

Als Till zu dem Gutspächter kam, wartete schon ein Haufen Kinder vor dem Hoftor. Die meisten waren jünger als er. Was mache ich hier überhaupt?, dachte Till. Die Kinder wurden eingelassen, es ging direkt in den Garten, an einen großen Tisch. Der Gutspächter erschien. Er hatte einen Vollbart und kleine, in den Schädel zurückgedrückte Augen. Er lächelte viel, wirkte aber nicht besonders fröhlich.

»Alte Bräuche«, sagte er und klatschte in die Hände.

Das war offenbar die Begrüßung. Fast noch mehr als die unangenehme Gestalt des Gutspächters hasste Till die rundgesichtige Vorfreude der Kinder ringsum. Sie sahen aus wie Äpfel mit Augen.

Der Gutspächter trug ihnen das Weckbrot auf.

Till schaute in die Schüssel, die vor ihn gestellt wurde. Gleichzeitig bemerkte er, dass ein Knecht das Hoftor zuschloss und sich davor aufstellte. Was da in der Schüssel lag, sah alles andere als genießbar aus. Es waren ... Brotkrusten? Ja, in Milchbrei aufgeweichte Brotkrusten.

»Iss«, hörte er eine Stimme neben sich.

Er blickte auf und sah den Gutspächter. Eine schwere, bräunliche Hand legte sich auf seine Schulter. Till versuchte, mit seinem Löffel ein Stück von der zähen, klebrigen Masse abzutrennen. Im Mund verwandelte sich der Bissen in eine baumharzartige Kiefersperre. Er bekam die Zähne kaum mehr auseinander.

»Esst auf«, sagte der Gutspächter. »Oder eure Eltern sollen erfahren, dass ihr mein Essen verschmäht habt.«

Niemand sagte ein Wort. Man hörte nur mühevolle Kaugeräusche. Ein Mädchen stand auf und wollte aus dem Garten gehen, aber der Knecht vor dem Tor hielt es auf und schickte es zurück.

Till hatte drei Bissen geschafft. Jetzt war ihm schlecht.

Er erhob sich.

»Ich kann nicht mehr«, sagte er. »Danke für das Mahl.«

Der Gutspächter kam zu ihm und blickte in seine Schüssel.

»Du hast nicht aufgegessen«, stellte er fest.

»Ich kann nicht so viel«, sagte Till.

»So. Kann nicht so viel. Hm. Aber wenn es etwas umsonst gibt, bist du trotzdem da. Das hab ich mir gedacht. Eure Eltern ... Wisst ihr, was eure Eltern sind? Gierige Wanzen. Jawohl. Sie schicken ihre Kinder zu mir, damit sie sich vollsaugen können, auf meine Kosten. Jetzt setz dich hin und iss auf.«

Er drückte Till auf den Stuhl nieder.

Neben ihm übergab sich ein Junge.

Der Gutspächter ging zu ihm, wartete, bis der Junge sich beruhigt hatte und wieder gerade saß. Dann verpasste er ihm eine Ohrfeige.

»Kein Benehmen«, sagte er.

Schließlich standen mehrere Kinder auf, darunter auch einige größere, die schon sehr kräftig waren. Der Gutspächter hätte sie ohne eine Rauferei nicht aufhalten können. Da sagte er:

»Wer geht, bevor er aufgegessen hat, wird Folgendes erleben: Ich werde mich an den Eltern seines Sitznachbarn schadlos halten. Ich habe im Dorf das Amt eines Richters inne. Ihr wisst, was das bedeutet.«

Darauf mussten weder er noch seine Knechte die Kinder mit Gewalt zurückhalten – diese sorgten selbst dafür. Immer wenn eines aufstand und fortgehen wollte, hinderte es der Sitznachbar daran. Es entstanden kleinere und größere Kämpfe. Till staunte.

Der Einfall beeindruckte ihn. So halten wir uns selbst hier gefangen, dachte er. Dann nahm er den nächsten ungenießbaren Bissen in den Mund, schloss die Augen und kaute los.

Nachdem alle Kinder aufgegessen hatten, durften sie gehen. Es war ein kühler, windiger Tag. Die meisten schafften es bis nach Hause, aber einige übergaben sich schon auf dem Weg oder besudelten ihre Hosen. Till dachte: Ich bin zwar auch übersatt, aber übel ist mir nicht. Ich bin auch älter als die und habe mehr erlebt. Mein Körper kann damit umgehen. Aber zu diesem Mann gehe ich nie wieder, egal, ob es unhöflich ist oder nicht. Er ist ein böser Mann. Aber er hat sehr viel Macht ... Alle Erwachsenen in der Gegend fürchten ihn.

Till sah ein Kind auf einer Wiese, das in sein eigenes Erbrochenes gefallen war, und musste laut lachen. Aber sobald er sein Zwerchfell anspannte, durchlief ihn eine Welle von Übelkeit. Er hielt inne, schloss den Mund und die Augen, legte eine Hand auf seinen Bauch.

Ruhig, dachte er. Ganz ruhig.

Es war, als habe sein Körper auf dieses Zauberwort gewartet – er gab alles von sich, in einem schmerzhaften Schwall. Es kam ihm durch Nase und Mund und klatschte vor ihm auf die Landstraße. Hinterher lag Till jammernd am Straßenrand und stöhnte: »O Gott, o Gott, bitte nicht mehr, o Gott, bitte nicht mehr ...« Es kam ihm vor, als ziehe jemand unaufhörlich eine Schnur aus seinem Hals. So wie es die Kinder manchmal mit Gänsen taten: Sie banden ein Brotstück an eine lange Schnur, und sobald die Gans es geschluckt hatte, zogen sie daran, sodass das Tier seine Mahlzeit wieder hervorwürgen musste. Dann ließ man die verdutzte Gans denselben Bissen noch einmal schlucken. Gewonnen hatte der, der mit einem einzigen Bissen die meisten Durchgänge schaffte.

## *Wie Till sich rächte*

Am folgenden Tag ging Till, dem immer noch flau im Magen war, spazieren. Da kam ihm der Gutspächter entgegen. Till überlegte, ob er umdrehen und davonlaufen sollte. Aber es war zu spät. Der Gutspächter war mit zwei Knechten unterwegs. Die würden ihm, wenn er weglief, doch nur hinterherjagen, so wie die Hunde den alljährlichen Osterfuchs jagten: gnadenlos. Bis sie ihn eingeholt hatten und er sich ihnen zappelnd ergeben musste.

»Ah, da schau an«, sagte der Gutspächter.

»Guten Morgen«, sagte Till.

Er bemerkte, dass er eine Hand auf seinen Bauch gelegt hatte. Der Pächter hatte die Geste zweifellos bemerkt. Die Knechte trugen ein paar lebendige Hühner, kopfüber. Wahrscheinlich waren sie zum Markt unterwegs.

»Eulenspiegel, nicht?«

»Jawohl, Herr.«

»Na, wann kommst du denn wieder mal zu mir, Eulenspiegel?«, fragte der Gutspächter mit einem Lächeln. »Zum Weckbrot.«

Die Knechte stießen einander an. Till musste daran denken, wie die Kinder gegeneinander gekämpft hatten, obwohl sie sich auch geschlossen erheben und fortgehen hätten können. Aber das war nicht geschehen. So etwas geschah *nie*.

Aber auch Till war nach Lachen zumute. Denn ihm war eine Idee gekommen. Das Prinzip war sehr einfach. Der Gutspächter hatte es folgendermaßen gemacht: Zuerst hatte er selbst oder einer seiner Knechte auf die Bauernkinder eingewirkt, sie zurückgedrängt und geschlagen. Aber dann hatte er dieses Privileg ihnen selbst übertragen. Sie hatten davon Gebrauch gemacht und sich damit selbst geschadet. Beim Anblick der Hühner war ihm nun wieder das Spiel mit den Gänsen eingefallen, an das er gestern am Straßenrand hatte denken müssen. Was, wenn man sich selbst, wie der Gutspächter aus der Szene mit den Kindern, aus diesem Spiel zurückzog? Wenn man die Mitte verließ und eine andere Gans die Schnur halten ließ? Aber eine Gans hatte weder Hand noch Pfote, sie konnte keine Schnur halten. Es sei denn, sie selbst hatte eine Schnur im Hals, an der ein Stück Futter hing!

Till ging nach Hause und holte reißfeste Schnüre und einige Brotbrocken. Damit machte er sich auf zum Hof des Gutspächters. Auf einer Wiese vor dem Haus fand er die Hühner. Es waren gesunde, an Menschen gewöhnte Tiere.

Till band je einen Brotbrocken an die Enden der Schnüre und warf sie unter die Tiere. Diese gingen sofort auf das Futter los und pickten danach. Bald schon hingen sie aneinander! Manche so eng, dass es aussah, als würden sie einander küssen. Andere zerrten an der Schnur wie Hunde an einem Knochen. Einige Hühnerpaare tanzten sogar im Kreis, wie bei der Kirmes. Till stand da und betrachtete sein Werk, bis ein Knecht auf ihn aufmerksam wurde, mit geballter Faust angerannt kam und ihn vertrieb.

## *Wie Till sich bei einem Pfarrer als Küster verdingte und das Osterspiel ausarten ließ*

Bald hielt es Till Eulenspiegel im Dorf nicht mehr aus. Einerseits aus Langeweile, andererseits aus Furcht, er könnte dem Gutspächter oder einem seiner Knechte über den Weg laufen. Diese würden ihn diesmal gewiss nicht lebend davonkommen lassen. Im Traum hatte er noch einmal die erhängte Krähe gesehen. Also begann er umherzuwandern und blieb oft tagelang von zuhause fort. Irgendwann bemerkte er, dass es ihn gar nicht mehr nach Hause zog. Auch an seine Mutter dachte er kaum noch. Den ganzen Winter lang streifte er durch das Land Braunschweig. Die Welt war überall gleich, stellte er fest. Es gab Menschen, Vieh und Heiligenfiguren.

Auf seiner Wanderung kam Till auch in das Dorf Büddenstedt. Dort hörte er im Wirtshaus jemanden sagen, der Pfarrer suche einen neuen Küster. Der alte sei von einem entlaufenen Mühlrad zu Mus zerdrückt worden. Das Bild gefiel Till, und bereits eine Stunde später sprach er beim Pfarrer vor. Der war ein feiner, schon etwas schwerhöriger Herr, der einen intensiven Bratengeruch verbreitete, von dem Till das Wasser im Munde zusammenlief.

»Hat er Theologiam studiert?«, fragte der Pfarrer.

»Hat er bestimmt«, antwortete Till.

Da lachte der Pfarrer und wollte wissen, ob der gute Junge denn zumindest etwas vom Kerzenanzünden verstünde.

Den guten Jungen müsse man wohl selber fragen, meinte Till, aber Kerzen habe er selbst schon viele angezündet in seinem Leben. Es sei da ganz wie mit den Menschen. Wisse man, welches

das richtige Ende sei, könne man ihnen auch ordentlich einheizen. Der Pfarrer lachte auch darüber und vereinbarte mit Till, da er sonst das anstehende Osterfest ganz ohne Hilfe bewältigen hätte müssen, eine Probezeit von ein paar Wochen.

Im Ort war es Brauch, alljährlich ein Osterspiel aufzuführen, an dem sich alle Bauern des Dorfes beteiligten. Und wer, wollte Till vom Pfarrer wissen, verteile die Rollen? Das könne er bestimmen, sagte der Pfarrer, der Küster habe das Osterspiel zu leiten. Ja, sagte Till, das sehe er ein, aber es seien doch lauter Bauern, man müsse doch wenigstens auch eine Frau dabeihaben. Sonst verärgere man am Ende noch den Allmächtigen.

Also erlaubte der Pfarrer, dass seine Haushälterin Gertrud eine Rolle im Osterspiel übernahm. Till war gleich am ersten Tag aufgefallen, dass ihr ein Auge fehlte, und er konnte nicht anders, als sie hin und wieder mit kleinen Sticheleien zu reizen. Ob sie denn nur den halben Mond sehen könne, dort oben, fragte er sie einmal. Er sei aber heute gar nicht zu sehen, antwortete Gertrud, wegen der Wolken. Ach, sagte Till, dann wird Euer gesundes Auge wohl langsam auch müde. Till wusste selbst nicht, weshalb es ihn immer so ungut ankam, wenn sie ihm über den Weg lief. Ich bin ein Narr, sagte er sich. Das wird es sein. Einmal träumte er, dass er ihr, während sie schlief, die leere Augenhöhle mit dem Wachs einer brennenden schneeweißen Kerze volltropfte. Davon erwachte er in einem Gefühl äußerster Erregung, und er lief in den Hof und überschüttete sich dort mit Brunnenwasser, bis ihm etwas leichter wurde.

Beim Osterspiel würden alle Menschen des Dorfes versammelt sein. Die drei Marien, die zum Felsengrab unterwegs waren, von dem aus der Heiland wie eine Taube in den Himmel flog, wurden von Till selbst und zwei Bauern gespielt. Gertrud hatte er, vielleicht aus einem leisen Reuegefühl des unheimlichen Traumes wegen, die Rolle des Engels gegeben. Das Grab selbst war eine kleine, eigens für diesen alljährlichen Brauch in den Steinboden der Dorfkirche eingearbeitete Nische, deren Eingang sonst immer mit einem Brett verschlossen war, sodass man nicht aus Versehen zu unserem Herrn ins Grab fiel.

Till übte mit den Bauern die Spielszenen. Sie waren betrunken, also ging ihm die Unterweisung leicht von der Hand. Er sagte ihnen, dass die einäugige Haushälterin ein zu plötzlicher Boshaftigkeit neigendes Weib sei. Selbst jetzt, in einer so heiligen Zeit, könne es vorkommen, dass sie einem Beschimpfungen an den Kopf werfe. Und sie fluche immer auf Lateinisch. Aber wer weiß, sagte Till zu den beiden verdutzt dreinblickenden Bauern, vielleicht sei sie heute ganz friedlich und sage an der richtigen Stelle ihren Text auf, der aus der Frage des Engels bestehe: *Wen sucht ihr?*

»Wen sucht ihr«, wiederholte einer der Bauern. Er schaute in seiner Marienverkleidung besonders äffisch aus, sodass man ihn am liebsten an die Leine nehmen und ihm kleine Kunststücke beibringen wollte.

»Aber wenn sie Lateinisch spricht, wisst ihr, dass sie euch bloßstellen will, vor der ganzen Gemeinde«, sagte Till.

Die Bauern murrten zustimmend.

Als nun der große Augenblick gekommen war – in der Kirche hatten sich die Dorfbewohner versammelt und erfüllten den geweihten Raum mit ihrem Gemurmel –, gingen die drei Marien, die zwei Bauern und Till, auf das Felsengrab zu. Da tönte es aus dessen Inneren in schönstem Latein:

»Quem quaeritis?«

Die Bauern gaben ein leises, überraschtes Schnaufen von sich.

»Eine alte, einäugige Pfaffenhur!«, sagte einer von ihnen.

Und er versetzte dem Felsengrab einen Tritt. Einige der Versammelten applaudierten. Andere lachten. Die Haushälterin, die wohl spürte, dass Eulenspiegel hinter diesem Anschlag auf ihre Ehre stecken musste, kam aus dem Grab (einige Dorfbewohner hielten dies für den Augenblick, da sie ergriffen tun und leise zu lobpreisen anheben durften) und wollte ihm eine Ohrfeige verpassen. Aber infolge ihrer Einäugigkeit verfügte sie über keinerlei Raummaß. Sie verfehlte Tills Gesicht, und ihre Faust traf den Bauern – mitten aufs Auge. Der andere Bauer sah dies und schlug ihr seinerseits ins Gesicht, sodass sie rücklings ins Felsengrab purzelte. Als der Pfarrer das sah, warf er die Siegesfahne Christi, die er bis jetzt brav in Händen gehalten hatte, von sich, rannte zu dem Bauern, der seine Haushälterin geschlagen hatte, und zerrte ihn an den Haaren. Daraus entstand eine wilde Schlägerei, an der sich die versammelte Gemeinde, zuerst zögerlich, dann mit zunehmender Überzeugung und Ernsthaftigkeit, beteiligte.

Till Eulenspiegel aber entkam dem Getümmel und lief aus der Kirche, hinaus in die kühle Nacht. Bald hatte er die Grenzen des Dorfes hinter sich gelassen. Haha, dachte er, während er rannte, bei dem Pfarrer hätte ich es gut haben können! Ich wäre vielleicht ein guter Küster geworden. Ich hätte es *zu was bringen* können, hahahaaa! Und er klatschte in die Hände, krähte wie ein Hahn unter dem weiten Sternenhimmel der Osternacht und rannte noch etwas schneller.

## *Wie Eulenspiegel sich als Arzt ausgab*

Zu dieser Zeit lebte in Magdeburg ein füllleibiger, polternder, zu ausgefallenen Standpunkten neigender Bischof namens Bruno, der von den Vorfällen in Büddenstedt erfahren hatte. Er konnte die Geschichte nicht oft genug hören, seine Diener mussten sie oft wiederholen und ausschmücken. Dieser falsche Küster sei doch ein Teufelskerl, sagte der Bischof voller Anerkennung. Er bestellte den Burschen an seinen Hof.

Dort hielt sich zu dieser Zeit auch ein Doktor der Rechte namens Hirse auf. Hirse war davon überzeugt, gegenüber Bruno eine Art von gehobener Beraterrolle einzunehmen, und hielt sich für geistreich und welterfahren. Dass er vom Bischof tatsächlich eines Tages, aus einer momentanen Stimmung heraus, als Berater eingestellt worden war, hielten viele für sehr wahrscheinlich, aber es war unübersehbar, dass er allen inzwischen zur Last fiel mit seinem gescheiten Dozieren und Rezitieren. Die Leute mussten sich beherrschen, ihn nicht im Vorbeigehen zu ohrfeigen.

Als Doktor Hirse von der Ankunft des Narren Till Eulenspiegel erfuhr, begann er zu zetern. »Man soll an bischöflichen Höfen nur weise Menschen halten«, sagte er. »Narren verderben alles. Nur wer sich mit weisen Menschen umgibt, wird selber weise!«

Den Rittern und Hofleuten juckten die Handflächen, wenn sie ihn so reden hörten. Sie traten an Eulenspiegel heran und baten ihn, etwas auszuhecken. Sie beschrieben ihm die Vorträge des Doktors. Der Bischof sei mit jedem Streich einverstanden.

Till war zuerst misstrauisch. Außerdem wollte ihm nichts einfallen. Es war noch nie vorgekommen, dass jemand einen Streich bei ihm bestellt hatte. Wie sollte das gehen? Aber am Ende versprach er ihnen, sich etwas zu überlegen.

Er brauchte dafür vier Wochen.

Während dieser Zeit war er im Umland auf Kosten des Bischofs unterwegs und schmiedete Pläne. Viele verwarf er, weil sie gegen die Gesetze des Universums verstießen. Schließlich kehrte er zurück, gab sich als berühmter, weitgereister Arzt aus und empfing den Doktor in seiner Herberge.

Doktor Hirse klagte, er habe in der Tat ein Leiden, das sich schon vielen Heilungsversuchen widersetzt habe. Seine Erklärungen blieben vage. Es lief alles darauf hinaus, dass er sich in seinem Leib nicht wohl fühlte. Ob der berühmte Mediziner ihn vielleicht examinieren und kurieren könnte, gleich heute? Till stimmte zu und erklärte dem Doktor, es gebe bei derart unklaren Erkrankungen nur eine verlässliche Form der Examination: Er müsse im selben Bett mit ihm, Hirse, schlafen und am nächsten Morgen an dem Schweiß, der sich über Nacht ansammle, ablesen, von welcher Natur das Gebrechen sei.

Hirse war verdutzt, aber schließlich begab er sich mit Eulenspiegel zu Bett.

Zuvor hatte er von dem vermeintlichen Arzt noch ein starkes Abführmittel erhalten. Till beschrieb es ihm als eine schweißtreibende Arznei. Dann verrichtete Till in einem Steingefäß seine Notdurft und stellte dieses direkt unter die Bettseite des Doktors. Die ganze Nacht konnte Hirse kein Auge zutun, da er von dem entsetzlichen Gestank auf Tills Bettseite gescheucht wurde, von wo er allerdings auch gleich wieder vertrieben wurde.

Währenddessen tat das Abführmittel seine Wirkung. Es schien, als verlöre der Doktor seine gesamte Körperflüssigkeit. Der Gestank im Raum wurde unerträglich.

Es war gegen vier Uhr morgens. Till stellte sich vor Doktor Hirse auf und belehrte ihn: Dies sei der übelstriechende Schweiß, der ihm je untergekommen sei. Hirse, vor Erschöpfung halb im Delirium, stimmte ihm zu und fragte, ob das bedeute, dass er sehr schwer krank sei.

Till bestärkte ihn in dieser Ansicht und verabschiedete sich.

Der Doktor konnte kaum sein Haupt vom Kissen heben. Er lag mehrere Stunden in seinen eigenen Exkrementen. Nach und nach kehrten seine Kräfte zurück, und er reimte sich zusammen, was geschehen war. Ihm fiel der Topf unter dem Bett auf. Er sah das Fläschchen mit dem Abführmittel.

Da betraten die Ritter und Hofleute seine Kammer. Sie wünschten ihm Guten Morgen. Der Doktor antwortete mit schwacher Stimme.

Wie es ihm denn mit dem berühmten Arzt ergangen sei? Habe die Behandlung angeschlagen?

»Nein«, antwortete Doktor Hirse. »Das muss ein Hochstapler gewesen sein! Er hat mich reingelegt. Seht mich doch nur an.« Und er erzählte ihnen, was ihm widerfahren war.

Der Bischof ließ sich die Geschichte mehrmals berichten. Besonders die Stelle, an der sich Till zu dem Doktor ins Bett legte, wollte er wieder und wieder hören. Die Szene mit dem Abführmittel gefiel ihm ebenfalls. Er lachte und lief begeistert auf und ab.

Doktor Hirse musste zugeben, entgegen seiner ursprünglichen Theorie, nur Weise könnten einen Menschen weiser machen, ausgerechnet durch einen Narren etwas klüger geworden zu sein. Denn er misstraute von diesem Tag an jedem Arzt, der ihm Heilung versprach. Und dadurch verschwand sein geheimnisvolles Leiden, gleichsam über Nacht, und kehrte nicht mehr wieder.

## *Wie Eulenspiegel alle Kranken eines Spitals zum Aufstehen brachte*

Als Till von Bischof Bruno fortging, gefiel er sich weiter in der Rolle des Arztes. In den letzten Wochen hatte er im Traum manchen Kranken in einen fröhlich tanzenden Leichnam verwandelt. In Nürnberg schlug er eine Bekanntmachung an die Kirchen- und die Rathaustür, in der er seine Dienste anbot. Im Heilig-Geist-Hospital lagen nicht wenige Kranke, die an den vielfältigsten Gebrechen litten. Die weithin berühmte und verehrte Reliquie, die im Hospital ihr Zuhause gefunden hatte – der Speer, dessen Spitze einst in die Flanke des Erlösers am Kreuz drang –, hatte zu keinen nennenswerten Wunderheilungen geführt. Jeden Tag betete der Spitalsmeister darum, einen gewissen Teil seiner Patienten loszuwerden. Da fiel ihm die Bekanntmachung an der Rathaustür auf.

Er ließ Eulenspiegel kommen und machte ihm Komplimente. Sein Ruf sei dem verehrten Doktor schon weit vorausgeeilt. Man vertraue auf seine Künste. Ob zweihundert Gulden ein angemessener Lohn seien? Man könne auch noch höher gehen.

»Zweihundert«, sagte Till. »Das ist mehr als in Ordnung, guter Mann. Ihr müsst mir den Lohn auch nur dann ausbezahlen, wenn ich Eure Kranken tatsächlich heile.«

Über dieses Angebot war der Spitalsmeister hocherfreut und bezahlte einen Vorschuss von zwanzig Gulden.

Einen ganzen Tag bereitete sich Till auf seinen Auftritt im Krankenhaus vor. Sein Plan war vortrefflich. All diese Menschen, die krank und leidend dalagen ... Er vermied es, genauer über ihre Lage nachzudenken. Mancher hätte argumentiert, dass sie doch seinesgleichen waren, Menschentiere wie er, und deshalb keine Quälerei verdienten. Aber der Anblick, der Anblick! Außerdem hatte der Spitalsmeister schon zwanzig Gulden ausbezahlt. Und im Grunde war der an allem schuld. Er hatte so getan, als kenne er den berühmten reisenden Arzt Till Eulenspiegel. Dabei gab es diesen gar nicht. Jawohl, der Spitalsmeister war schuld, wenn seine Kranken morgen gequält wurden!

Till nahm eine reiche Mahlzeit zu sich und ging früh zu Bett.

Am nächsten Morgen begab er sich, begleitet von zwei schwachsinnigen, aber gutmütigen und folgsamen Knechten in das Krankenhaus. Die Reliquie besuchte er nicht. Der Anblick des Speers hätte nur üble Gedanken in ihm geweckt. Am Ende wäre vielleicht jemand aufgespießt worden.

Mit auf dem Rücken verschränkten Armen schritt Till die Reihe der Kranken ab. Sie lagen stöhnend, oft nur notdürftig verbunden in ihren Betten. Einige bluteten, aus offenen Wunden lief Eiter auf den Boden. Der Gestank war schrecklich. Ein älterer Mann bekam Angst vor dem unbekannten Gesicht, das vor ihm erschien, und begann wie ein Kind zu weinen. Einer der Knechte musste ihn festhalten, damit Till ihm ins Ohr flüstern konnte. Denn dies tat er bei jedem Kranken, er flüsterte ihnen etwas ins Ohr, es war immer dasselbe: »Höre, was ich dir jetzt sage, das behalte als Geheimnis, verrate es niemandem.« Jeder Kranke, selbst der verzweifelt weinende Alte, schwor es.

Das Geheimnis, das Till jedem Kranken einzeln mitteilte, lautete: »Ich kann dich nur heilen, wenn ich dir eine besondere Arznei verabreiche. Die zu gewinnen, bin ich hergekommen. Ich werde ein Pulver herstellen aus dem Kränksten von euch. Wer das ist, sehe ich allerdings noch nicht, aber es wird sich zeigen. Morgen um dieselbe Zeit werde ich hier erscheinen und euch alle wecken. Ich werde euch auffordern, hinauszurennen ins Freie. Wer als Letzter hier liegenbleibt, den werde ich als den Kränksten betrachten – und ihn zu Pulver zermahlen. Das geht ganz leicht. Meine beiden Helfer hier haben es schon Hunderte Male gemacht, ihre Hände sind stark.«

Die Kranken reagierten darauf unterschiedlich. Manche machten sich in die Hose, manche pfiffen, manche blieben einfach nur stumm und blickten geradeaus. Till spürte sein Herz schlagen. Die geistesschwachen Knechte standen neben ihm und warteten auf Befehle. Es ging alles glatt.

Am nächsten Morgen erschien Till in der Tür des Krankensaals. Er sah, dass einige schon aufgestanden waren. Mühsam hielten sie sich aufrecht, einige hatten Krücken, andere krochen auf allen vieren. Ein Mann ohne Augen stützte sich auf ein Mädchen, das entsetzlich dürr und bleich war und alle paar Minuten feucht abhustete.

Auf Tills Begrüßung hin rannten alle gleichzeitig los.

Das war ein Anblick! Wunden rissen auf. Kopfverbände gingen ab. Menschen erbrachen sich im Laufen. In der engen Tür des Saals blieben sie stecken, man drängte und schob. Das Geschrei und Gestöhne drang bis auf die Straße hinaus. Die Nürnberger blieben stehen und schauten.

Menschen, die seit Jahren nicht mehr aufgestanden waren, schleppten sich ins Freie. Keiner von ihnen wollte als Pulver im Magen der anderen enden.

Als Till seinen Lohn von zweihundert Gulden entgegennahm, zitterte seine Hand, in die der tief beeindruckte Spitalsmeister die Münzen zählte. Das ganze Krankenhaus war leer! So etwas hatte es noch nie gegeben. Er war sicher, dass der heilige Speer Jesu Christi diesen Heiler zu ihm geschickt hatte. Ja, die Wege des Herrn. Und man war mit zweihundert Gulden eigentlich noch gut weggekommen. Die Kunst dieses Arztes war mindestens dreihundert wert.

Till empfing das überschwängliche Lob des Spitalsmeisters und machte sich auf den Weg aus der Stadt.

Am nächsten Tag kamen die Kranken zurück. Dem Spitalsmeister fielen beinahe die Augen aus dem Schädel. Und wieso waren diese Menschen in noch viel schlimmerem Zustand als gestern? Einige standen bereits mit einem Bein im Grabe. Sie jammerten, hielten sich aneinander fest, fielen hin, waren grässlich verunreinigt. War eine neue Seuche in die Stadt gekommen?

Da erzählten sie ihm, was ihnen der berühmte Arzt als Geheimnis anvertraut hatte.

Der Spitalsmeister erkannte, dass er genarrt worden war, verfluchte den teuflischen Gesellen und half den Kranken zurück in ihre Betten.

Wer denn nun eigentlich als Letzter zurückgeblieben sei?, fragte der Spitalsmeister, als jeder seinen Platz gefunden hatte. Man konnte es ihm nicht genau sagen. Alles sei so schnell gegangen, der Weckruf, die Flucht, die Unordnung in den Gängen und draußen in den Nürnberger Straßen. Da meldete sich ein alter Mann. Er hob die Hand und sagte: »Ich war's. Ich bin als Letzter durch die Tür gelaufen. Ich war der Kränkste von allen.« Die anderen schauten ihn an. Nach einer Weile setzte sich der Alte auf sein Bett. Er legte die Hände auf seine nackten Knie und sagte nichts mehr. In dieser Stellung verharrte er, bis irgendjemand, einige Stunden später, zu ihm trat und ihn fragte, wie es ihm gehe. Da hob er den Kopf und sagte: »Danke, Herr, sehr gut.«

## *Wie Till Eulen und Meerkatzen buk*

Nach diesem Erlebnis gelangte Eulenspiegel über vorsorglich gewählte Umwege nach Braunschweig. Die Ärztepersönlichkeit legte er ab. Nachts träumte ihm nun des Öfteren von einem mit Schwären überzogenen Leichnam, der ihm auf klappernden Holzkrückenbeinen nachlief. Vielleicht bedeutete das, dass man nach ihm suchte. Der Spitalsmeister wollte sein Geld zurück. Um eine Weile unerkannt zu bleiben, meldete sich Till als Geselle bei einem Bäcker.

Nachdem er zwei Tage dort in Diensten gewesen war, befahl ihm der Bäcker, eine Nacht lang allein zu backen, denn er selbst habe einen wichtigen Gang zu erledigen. Till fragte, was er denn backen solle.

Der Bäcker, ein zum Jähzorn neigender Mann, schimpfte mit ihm: »Du willst ein Bäckergeselle sein? Fragt mich da, was er backen soll! Nun, was wird denn da gebacken, in den Backstuben dieser Erde? Eulen und Meerkatzen!«

Damit ließ er Till allein.

Die ganze Nacht lang tat Till, wie ihm geheißen, und buk Eulen und Meerkatzen. Aber wie sah eine Meerkatze überhaupt aus? Eulen kannte er gut, die hatten riesige Augen, mit denen sie einem direkt in die Seele blicken konnten. Deshalb erschienen sie auch immer, wenn jemand starb. Ein geisterhafter Kauz rief leise in der Dämmerung – da konnte man sicher sein, dass ein Mensch bald seinen letzten Atemzug tun würde. Aber Meerkatzen? Er meinte sich zu erinnern, einmal eine gesehen zu haben. Ein flämischer Gaukler hatte im Dorf ein Äffchen an einer Schnur herumgeführt und Geld eingesammelt. Das Äffchen hatte ein schwarzes, dreieckiges, überraschend ernstes Menschengesicht und war von hellem Fell bedeckt gewesen. Das machte die Sache schwierig, da sein Teig bloß eine Farbe hatte. Und wie sollte man den langen Schweif hinbekommen?

Gegen Morgen stand der Bäckermeister in der Tür. Sein Blick fiel weder auf Wecken noch Semmeln. Nichts Vertrautes zeigte sich unter den Formen, die sich hier stapelten. Sein Gesicht wurde rot.

»Das Pestfieber soll dich packen, du Nichtsnutz! Was soll das sein? Was hast du gebacken?«

»Das, was Ihr mir befohlen habt, Meister. Eulen und Meerkatzen.«

Von dem vervielfachten Glotzen der Eulen war Till schwindlig geworden. Und die Meerkatzen schienen zu turnen, einige hingen an den um ihren Körper geschlungenen Schwänzen zusammen.

»Was soll ich damit? Das kann man nicht verkaufen!«

Er griff sich Eulenspiegel und brüllte:

»Du bezahlst mir den Teig!«

Till willigte sofort ein. Ob er die Backwaren jetzt mitnehmen dürfe, nachdem er bezahlt habe? Der Bäcker hatte nichts dagegen.

»Ja, nimm den Dreck mit! Ich kann hier keine Eulen und Meerkatzen gebrauchen!«

Eulenspiegel beglich seine Rechnung, legte die unerwünschten Stücke in einen großen Korb und brachte sie in die Herberge »Zum Wilden Mann«. Eine Zeichnung der namengebenden Figur zierte das Gasthausschild. Es war eine zottige Erscheinung, halb Hund, halb Mensch. Der Anblick tat Eulenspiegel gut.

Am Nachmittag stand er mit seinen Waren vor der St.-Nikolaus-Kirche.

»Eulen! Meerkatzen!«, rief er. »Frische Eulen, frische Meerkatzen!«

Die meisten Braunschweiger hatten noch nie eine Meerkatze gesehen. Die konnte man ja am Schweif aneinanderhängen! Den Kindern gefiel es besonders. Die Leute kauften Tills Backwaren und zahlten einen stetig steigenden Preis dafür. Am Abend hatte er weit mehr Geld verdient, als er dem Bäckermeister für den Teig gegeben hatte.

Am nächsten Tag, als Till längst fort war, verlangte das Volk wieder nach Eulen und Meerkatzen. Als dies dem Bäcker zu Ohren kam, versuchte er selbst welche zu backen. Aber er hatte sich sein ganzes Leben lang nur mit runden Formen beschäftigt. Seine Eulen sahen aus wie Mühlräder mit Augen. Und die Meerkatzen, nun, er hatte in seinem ganzen Leben noch nie ein solches Tier gesehen, wusste auch nichts davon, dass man sie an ihren Schweifen aneinanderhängen konnte, also formte er einfach Katzen mit Fischflossen. Das müsse einer Meerkatze doch recht nahe kommen, fand er. Es waren aber kreisrunde Katzen, erkennbar nur an den spitzen Ohrensegeln an der oberen Seite; die Flossen ritzte der Bäcker mit seinem Daumennagel ein. Niemand wusste, was das darstellen sollte – und so blieb er auf seinen Kunstwerken sitzen.

## *Wie Eulenspiegel einem Bauern die Pflaumen verdarb*

Till Eulenspiegel war durchaus ein geselliger Mensch. Allein konnte man schließlich keine Streiche spielen. Dennoch gab es drei Dinge, die er nicht mochte und mied, wo er nur konnte.

Erstens: graue Pferde. Sie waren grässlich anzusehen. Till ritt immer ein falbes Pferd. Das sah viel vornehmer aus, auch wenn das niemand erkennen wollte. Schimmel waren ihm ebenfalls zuwider. Er bevorzugte weiße Pferde.

Zweitens: Kinder. Sie waren ihm unheimlich. Sie hatten kleine Erwachsenengesichter auf einem Zwergenkörper. Sie brüllten ständig Sprichwörter, als wäre es das Einzige, was man von sich geben konnte. Und sie spielten. Spielten, spielten, spielten! Den ganzen Tag. Kurz: Man schenkte ihnen mehr Beachtung als ihm. Wenn er an einem Kind vorbeiging, befielen ihn die grellsten Vorstellungen: es von hinten auf den Kopf schlagen, es an den Ohren durch den Straßenkot ziehen, es in einen Zaun stoßen, dass es dort verende wie ein Fuchs, es in einen See werfen, es treten. Treten, ja, mein Gott, man wurde aus dem Dorf gejagt, wenn man ein Kind trat! Zumindest manchmal. Es kam natürlich darauf an, welches Kind. Besser, man mied ihre giftige Gegenwart.

Drittens: freigebige Wirte. Bei ihnen konnte man Bier stehlen und die Zeche prellen, es war ihnen egal. Und das Publikum in solchen Gasthäusern war für gewöhnlich zu betrunken, um einen guten Streich zu bemerken. Nein, dort vergeudete er nur sein Talent.

Auf seinem falben Pferd ritt Eulenspiegel zum Turnierfest in Einbeck, das dort jedes Jahr von den Fürsten Braunschweigs veranstaltet wurde. Es war Sommer, und Till erschlich sich so viel Wein und Bratenfleisch, dass er am Ende kaum noch stehen konnte. Sein Pferd lief ihm davon, und er wankte am Stadtrand über die Wiesen. Schließlich legte er sich unter einen Baum, um seinen Rausch auszuschlafen. Es war ein schöner Sommertag, die Sonne brannte ihm aufs Gesicht.

Da kam ein Bauer mit einem Karren voller Pflaumen den Weg herauf. Er war ein braver, gottesfürchtiger und etwas einfältiger Mann. Er war gekommen, um seine Pflaumen beim Turnierfest zu verkaufen. Dort war man in den vorangegangenen Jahren stets nett zu ihm gewesen, man freute sich, wenn man ihn sah, und das mochte er. Die Diener der Fürsten und Herren bezahlten ihm einen anständigen Preis und halfen ihm sogar beim Addieren. Ja, in Einbeck war er immer gern. Er summte vor sich hin.

Als er an dem im Schlaf stöhnenden Eulenspiegel vorbeikam, blieb er stehen und fragte, ob es dem Herrn gutgehe. Davon wurde Till wach, sah das Bäuerlein und erhob sich mühsam. Aber er fiel gleich wieder um.

»Guter Mann«, sagte Till. »Ihr seht, dass ich krank bin. Seid so gut und helft mir. Ich liege hier schon mindestens eine Woche und sterbe gewiss, wenn mich niemand mitnimmt. Ich kann nicht mehr gehen. Bringt mich in die Stadt.«

Der Bauer schaute auf seinen Karren. Er legte eine Hand in den Nacken und überlegte.

»Ja«, sagte er. »Ich seh wohl, dass es Euch schlecht geht, Herr. Es ist nur, ich habe Pflaumen in meinem Karren. Wenn ihr Euch da hineinsetzt, werden sie zerdrückt. Aber ich kann Euch abends abholen, wenn ich meine Ware verkauft habe.«

Eulenspiegel stand auf. Er hatte nicht die geringste Lust, in die Stadt zu gelangen. Er war ja schon dort gewesen. Er war vollgefressen, und der Schädel dröhnte ihm.

Trotzdem.

Er stellte sich vor dem Bauern auf. Klein war er, aber doch kräftig. Und an seinem Gesichtsausdruck sah man, dass er sich ein wenig vor Eulenspiegel fürchtete.

»Ich werde dir etwas sagen«, sagte Till. »Nimm mich mit, ich will mich auch ganz an den Rand des Karrens setzen.«

Da half der Bauer dem Gast auf den Karren, und Till saß sicher neben der Pflaumenkiste. Nach einer Weile begann es in seinem Bauch zu rumoren. All der Wein und das Bratenfleisch wollten, so schnell es ging, aus seinem Körper hinaus. Noch hielt er es zurück, aber dann, als das Geschüttel stärker wurde, löste sich der innere Widerstand, und Till hockte sich über die Pflaumen.

Schon lange hatte er nicht mehr solchen Durchfall gehabt! Es wollte gar nicht mehr aufhören. Zwischen den Krämpfen, die ihm den Leib verkrümmten, musste er lachen.

Am Stadttor angekommen, hielt er den Bauern an und rief:

»Halt! Weiter geht es für mich nicht. Habt Dank, guter Mann, hier steige ich ab.«

Der Bauer hingegen begab sich auf den Marktplatz und stellte seinen Verkaufsstand auf. Das Volk sammelte sich um ihn und wollte Pflaumen kaufen, aber jeder, der in die Kiste griff, beschmutzte sich die Finger. Da erschien Eulenspiegel, einen fremdartigen Hut auf dem Kopf, den er einem Edelmann stibitzt hatte, und sagte:

»Was hast du da für Pflaumen, Bauer? Die sind ja übel verunreinigt! Dich sollte man des Landes verweisen.«

Der Bauer schaute entsetzt in seine Kiste. Es stimmte. Er roch es ja selbst.

Die Menschen waren aufgebracht und zerrten an ihm, wollten ihm die stinkenden Früchte ins Gesicht werfen. Die Diener vornehmer Ritter und Herren, die ihn noch aus dem Vorjahr kannten, schauten ihn voller Verachtung an und gingen weiter. Er bat die Leute um Verzeihung, er könne sich auch nicht erklären, wie das gekommen sei. Dann überlegte er und sagte:

»Da war ein kranker Mann, den hab ich aufgelesen. Gott sagt doch immer, wir sollen den Kranken helfen. Der muss mir in die Pflaumenkiste geschissen haben.«

»Dieser Geselle verdient Prügel!«, rief Eulenspiegel. »Wer so etwas macht, gehört zum Abschaum der Menschheit.«

Man pflichtete ihm bei.

## *Eulenspiegel als Turmbläser*

Beim Grafen von Anhalt wurde Eulenspiegel als Turmbläser angestellt. Was das ist? Nun, das wusste er selbst zuerst auch nicht. Er hatte nur gehört, dass einer gesucht würde. Als er sich beim Grafen meldete, erklärte man ihm, dass er den ganzen Tag auf einem Turm zu stehen habe und beim Herannahen der Feinde in die Drommete blasen müsse. In die was? Die Drommete, hier. Die erzeuge einen sehr lauten Ton, so, dadurch würde man auf die Feinde aufmerksam. Welche Feinde denn? Natürlich die des Grafen. Aha, und woran erkenne man die? Dumme Frage, an ihrem Verhalten, woran denn sonst, an ihren Nasen etwa? Till lachte. Aber man blieb ernst und erklärte ihm: Die Feinde des Hauses Anhalt seien imstande, des Grafen Vieh zu stehlen und auch sonst viel Unheil anzurichten. Ganze Ländereien seien schon von ihnen verwüstet worden. Der Turmbläser habe eine verantwortungsvolle Position. Von ihm hänge der tägliche Friede ab.

Till nahm die Stelle an.

Einsam war es da auf dem Turm und langweilig! Außerdem brachte ihm, als es Mittag wurde, niemand das Essen hinauf, weswegen er hungrig blieb.

Am Nachmittag zeigten sich Feinde am Horizont.

Sie waren tatsächlich an ihrem Verhalten erkennbar. Wer hätte gedacht, dass dies so einfach sein würde? Sie trieben die Kühe in eine Richtung, gestikulierten heftig und verhielten sich insgesamt recht feindlich. Till schaute ihnen lange zu. Ihre Bewegungen waren wunderschön.

Bald sprach es sich bis ins Schloss herum, dass die Feinde da waren. Der Graf ließ ausrücken. Als er Till am Turm stehen sah, mit beiden Armen auf die Zinnen gestützt, rief er:

»He, du da oben! Warum hast du nicht gerufen und geblasen?«

Eulenspiegel rief zurück:

»Vor dem Essen tanze und schreie ich nicht!«

»Na, willst du dann wenigstens jetzt die Feinde anblasen?«

»Heranblasen? Aber nein, denn es sind ja schon so viele da, Herr Graf! Wenn ich noch mehr Feinde heranblase, ist alles schwarz von ihnen und sie erdrücken uns.«

Der Graf winkte wütend ab und lief weiter. Er hatte einen Kampf zu führen.

Gegen Abend kehrten die Ritter zurück. Sie hatten die Kühe gerettet und die Feinde in die Flucht geschlagen. Ihren Sieg nahmen sie zum Anlass, einige der Rinder zu schlachten und zu braten, und der Duft stieg auch zu Eulenspiegel in die Höhe. Der wurde halb verrückt vor Hunger.

Irgendwie musste er an die köstlichen Bratenstücke kommen!

Ohne lange zu überlegen, setzte er das Mundstück der Drommete an seine Lippen – und blies Feindio. Der Graf und seine Ritter sprangen sofort vom Tisch auf, ließen alles liegen und stehen und stürzten zu ihren Pferden. Till hingegen rannte vom Turm herunter, stopfte sich an den Tischen Mund und Taschen voll mit Gebratenem und lief zurück an seinen Posten. Schmatzend erwartete er dort die Rückkehr der Ritter.

Diese hatten, als auf dem weiten Feld keine Menschenseele zu sehen war, schnell begriffen, dass sie von dem sonderbaren neuen Turmbläser genarrt worden waren. Sie zerrten Till vom Turm herunter, und ein anderer erhielt seine Stelle.

Es folgten harte Tage. Eulenspiegel musste als gemeiner Fußknecht dienen. Wenn der neue Turmbläser – ein dicker, unerträglich verlässlicher Junge – sein schmetterndes Feindio hören ließ, musste er mit den anderen losrennen. Till sah die Feinde nun aus der Nähe. Es waren Menschen, wie sie überall zu treffen waren, die wenigsten hatten irgendeine besondere Eigenschaft. Sie schienen in erster Linie hungrig zu sein. Waffen trugen sie keine. Was Till von der Turmspitze aus für tolle Ausgelassenheit gehalten hatte, erwies sich als simple Schnelligkeit; sie waren es einfach gewohnt, viel zu laufen. Es langweilte ihn sehr, dieses feindliche Jungvolk vertreiben und ihnen Warnungen hinterherbrüllen zu müssen. Meist hielt er sich am Rande der Auseinandersetzungen auf, lief stets als Letzter zum Tor hinaus und als Erster wieder zu diesem herein. Dies fiel auch dem Grafen auf. Er rief Eulenspiegel zu sich und fragte ihn:

»Wie kommt es, dass du immer als Letzter hinaus- und als Erster zurückläufst?«

»Ja, das kommt so, Herr«, sagte Till. »Ich musste oben auf dem Turm hungern, da niemand mir etwas zu essen brachte. Also bin ich jetzt vollkommen kraftlos. Wenn ich als Erster der Fußknechte bei den Feinden ankommen soll, dann müsste ich mich doppelt beeilen, um, so wie jetzt, auch der Erste am Esstisch zu sein. Denn essen muss ich, sonst bleibe ich kraftlos. Da ich aber nicht doppelt so schnell wie meine Gefährten sein kann, bleibe ich zurück, sonst wäre ich der Letzte am Esstisch und bekäme nichts mehr.«

Der Graf versuchte diesem Gedankengang zu folgen. Irgendwo war ein Knoten. Aber er kam nicht darauf.

Er entließ Till aus seinen Diensten, worüber dieser sehr erleichtert war.

Als er aus der Stadt ging, sah er einige der vor kurzem besiegten Feinde in einem Feld sitzen. Sie blickten zu ihm herüber, einer hob die Hand. Till erwiderte den Gruß. So sahen sie also aus, wenn sie sich nicht feindlich betrugen. Sie spielten mit einer Kartoffel, warfen sie von Mann zu Mann und legten sie am Ende in einen Topf, der auf der Erde stand. Morgen würden sie den nächsten feindlichen Vorstoß wagen. Till wünschte ihnen Glück. Dann, ein paar Meter weiter, wünschte er ihnen den Tod. Er fühlte eine unerklärliche Verachtung in sich aufsteigen, ballte die Faust gegen die Fremden und spuckte in ihre Richtung. Ein paar von ihnen hoben den Kopf. Till begann zu laufen. Tod, Glück, Tod, Glück, Tod, seine während des Fußknechtdienstes kräftig gewordenen Beine trugen ihn rasch aus ihrer Reichweite.

## *Wie Eulenspiegel aus dem Herzogtum Lüneburg verbannt wurde*

In Lüneburg erhielt Till seine erste Todesdrohung. Das war ein vollkommen neues, schwer beschreibbares Gefühl. Wenn er sich im Herzogtum noch einmal sehen lasse, so werde er am Galgen enden, versicherte man ihm. Nach dieser Drohung ging von dem Land, ja, sogar von dem Wort *Lüneburg*, eine unwiderstehliche Anziehung aus. Er träumte davon, als Krähe über das Herzogtum zu fliegen. Er stellte sich vor, es über unterirdische Zauberwege zu betreten. Er ging an den Landesgrenzen entlang und warf Steine über die Grenzmarkierungen.

Schließlich betrat er das Herzogtum wieder. Es ging ja so einfach.

Warum konnte man sich nicht immer so lebendig fühlen! Wie gut das Obst schmeckte, wie frisch die Luft hier war! Till lief glücklich durch die Dörfer, war überall nett und hilfsbereit und erstritt sich in einem Wettkampf sogar ein Pferd.

Eines Tages begegnete ihm auf einer Landstraße ein Reiter, der ihm merkwürdig bekannt vorkam. Erst als beide grüßend aneinander vorbeigeritten waren, begriff er: Es war einer von des Herzogs Dienern! Und da kam auch schon der Herzog selbst, begleitet von allerlei Gefolge. Till kehrte um, aber es half nichts, die anderen waren schneller, denn sein Pferd war etwas lahm.

Wenn sie mich sehen, werden sie mich aufhängen! Er stieg vom Pferd und blickte sich um. Nein, es gab nichts, keinen Wald, keinen Hügel, kein Kornfeld, in das man verschwinden konnte. Was für ein Schandfleck, was für eine ausweglose Hölle dieses Lüneburg! Heidegras, nichts als Heidegras, niedrig und unbrauchbar.

Das Pferd stieß ihn mit der Schnauze an und gab ein leises Geräusch von sich, als wollte es fragen, ob alles in Ordnung sei. Es hatte nichts dagegen, etwas auszuruhen. Vielleicht bekam es gleich Wasser.

Da zog Till sein Messer aus der Hose und schlitzte dem Pferd den Bauch auf. Das Pferd schlug aus und bäumte sich auf, aber da fielen die Eingeweide schon klatschend auf den Boden. Das Pferd brüllte und versuchte sich loszureißen, die Augen traten aus den Höhlen, und dann wurden die ausschlagenden Hinterbeine schwächer, zielloser, Till trat zurück und wartete, bis das Pferd zusammengebrochen war. Es ruderte noch mit den Läufen, schüttelte den Kopf hin und her. Blut floss auf die Erde. Da trennte Till ihm die Halsschlagader durch, um es schneller verenden zu lassen. Das Pferd blickte ihn von der Seite mit seinem Augenmedaillon an. Aber es dauerte nicht lange, bis in dem Auge nichts mehr war, nur ein Lichtschein, wie in allen runden, spiegelblanken Gegenständen der Erde. Till musste sich nun beeilen, da ihn die Reiter des Herzogs schon fast erreicht hatten.

Er schnitt dem Pferd den Bauch noch weiter auf, griff mit beiden Armen hinein und schaffte, als wäre es schwerer Vorhangstoff, die verschlungenen Eingeweide aus dem Körper. Als dies erledigt war, stellte er sich in den aufgerissenen Kadaver. Die ersten Fliegen erschienen. Seine Hände zitterten. Alles war voller Blut.

Der Herzog hatte in der Zwischenzeit seinem Gefolge befohlen anzuhalten.

Neugierig näherte er sich, begleitet von zwei bewaffneten Reitern, dem über und über mit Blut bedeckten, in einem dampfenden Pferdeleib stehenden Mann, dessen Blick Angst und Irrsinn auszudrücken schien.

»He da«, rief der Herzog. »Dich kenn ich doch! Du bist der Eulenspiegel, dem ich das Land verboten habe. Was machst du hier? Willst du gehängt werden?«

»O gnädiger Herr und Landesfürst«, sprach Eulenspiegel, »ich hoffe, Ihr wollt mir doch das Leben lassen. Ich bin unschuldig, ich habe nichts Übles getan.«

Er wischte sich eine lästige Fliege von der Wange.

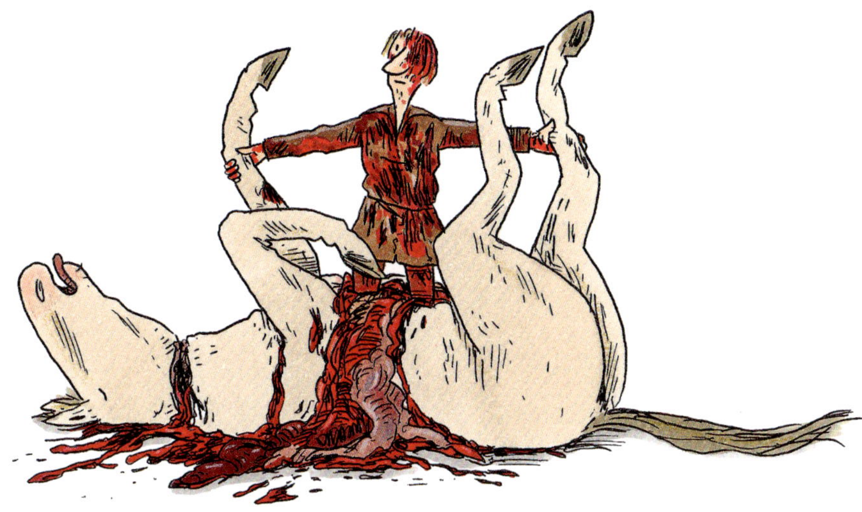

»Nichts Übles?«, sagte der Herzog schließlich. »Du stehst in einem Pferd, Eulenspiegel. Und du bist innerhalb meiner Landesgrenzen. Wie kannst du dich da unschuldig nennen?«

Till kratzte sich geronnenes Blut aus dem Augenwinkel. Dann sagte er:

»Ja, also, gnädigster Herr, hochwohlgeborener Fürst, ich fürchte mich sehr vor Eurem harten Urteil. Aber ist es nicht so, dass das Gesetz besagt, dass jeder Frieden haben soll innerhalb seiner eigenen vier Pfähle?«

Und er deutete auf die vier in die Höhe stehenden Beine des toten Pferdes.

Die Reiter schauten. In ihren Gesichtern ließ sich nichts lesen. Aber der Herzog lächelte maliziös. Mit leiser Stimme befahl er Eulenspiegel, nun fortzugehen, für immer. Er schenke ihm sein Leben, aber er wolle ihn nicht mehr sehen. Das mit den vier Pfählen, ja, das sei in der Tat Gesetz.

Nachdem der Herzog mit seinem Gefolge von dannen geritten war, trat Till aus dem Pferdekadaver. Die Fliegen waren zahlreich geworden, er schlug nach ihnen, spuckte sogar einige von ihnen aus, halbzerkaut. Er schüttete das Blut aus seinen Schuhen, und die Sonne trocknete die dicke Flüssigkeit zu einem krümeligen Panzer, der schon bei leichtem Fingerdruck abblätterte. Wie eigenartig schnell alles gegangen war.

»Danke, mein liebes Pferd«, sagte Till. »Du hast mir das Leben gerettet. Außerdem hat der Herzog gelächelt. Ja, ich glaube, er mag mich wieder.« Er wollte noch etwas sagen, aber seine Beine zitterten. Er fasste nach ihnen, stand verknickt da. »Besser, dich fressen die Raben, als dass sie mich fressen«, sagte er und ging zu Fuß weiter.

## *Wie Eulenspiegel ein besonderes Bild malte*

Es war nicht so leicht, nur von Streichen zu leben. Als Narr erhielt man keine Bezahlung, und selbst wenn, so gab es immer jemanden, der, mit Knüppel und Heugabel bewaffnet, hinter einem herrannte und sein Geld zurückforderte. Es war ratsam, den Wirkungsort öfter zu wechseln. So kam Eulenspiegel in das Land Hessen, an den Hof des Marburger Landgrafen.

Dort gab er sich als Künstler aus, hatte er doch auf einer kurzen, aus Fluchtgründen notwendig gewordenen Reise durch Flandern einige Gemälde billig erstanden, die er nun zusammengerollt in seiner Tasche mit sich führte.

»Ein Künstler?«, fragte der Landgraf. »Verstehst du auch etwas von der Alchimie?«

»Nein«, antwortete Eulenspiegel. »Ich bin Maler.«

Der Landgraf verlangte, etwas von ihm zu sehen. Eulenspiegel zeigte ihm sein nacktes Knie.

»Was soll das?«

»Ihr habt verlangt, etwas von mir zu sehen.«

»Haha, Narr«, lachte der Landgraf. »Eine Werkprobe meinte ich.«

Eulenspiegel zeigte ihm die Gemälde. Der Landgraf betrachtete sie lange und sagte:

»Das ist gute Arbeit. Lieber Meister, was wollt Ihr dafür haben, wenn Ihr uns den Thronsaal ausmalt mit Szenen aus der langen Geschichte der Landgrafen von Hessen?«

»Vierhundert Gulden«, antwortete Till.

Der Landgraf war einverstanden. Er zahlte hundert Gulden als Vorschuss, damit Till Gesellen und Farben besorgen konnte.

Es kostete Till einige Mühe, die Gesellen zu überreden, mitzuspielen. Denn es waren ehrliche, treue Untertanen. Till zahlte jedem von ihnen zehn Gulden, obwohl sie nicht zu arbeiten brauchten.

Nicht zu arbeiten? Ja, genau so sah Eulenspiegels Plan aus. Er tat nichts, ließ die an den Thronsaalwänden angebrachten Leinwände leer und vertat sich die Zeit mit Müßiggang.

Als der Landgraf ihn nach Ablauf von vier Wochen fragte, ob er das Werk nun besichtigen dürfe, willigte Eulenspiegel ein.

»Natürlich, gnädiger Herr, es ist nur so, dass jeder, der unehelich geboren wurde, es nicht sehen kann. Ich hoffe, dies ist in Eurem Sinne.«

»Ja, ja«, antwortete der Landgraf schnell. »Ich bin schon gespannt.«

Da entfernte Till die Schutztücher. Neben sich hörte er den Landgrafen die Luft durch den Mund einsaugen. Die Wände waren strahlend weiß, das Vormittagslicht fiel günstig in den Saal.

»Hier also«, sprach Eulenspiegel, »sehen der gnädige Herr den ersten Landgraf von Hessen, einen Columneser aus Rom. Hier seine Hochzeit mit einer Herzogin von Bayern, man sieht sie im Profil. Sie war die Tochter des berühmten und reichen Justinian, der hernach Kaiser wurde. Und schließlich da, gnädiger Herr, da sieht man ihren Sohn Adolfus, erkennbar an seinem schönen Gesicht und dem edlen Gewand. Dieses Detail war recht schwierig auszuführen, es kostete mich drei Tage konzentriertester Arbeit. Adolfus zeugte Wilhelm den Schwarzen, hier, ebenfalls im Profil. Wilhelm zeugte wiederum Ludwig den Frommen, unverkennbar, hier, seine Gebetshaltung. Und von da an geht es, wie Euer Gnaden erkennen, in schrittweiser Veredelung des Geschlechtes bis in die Gegenwart, zu Euch. Ihr selbst seid noch nicht ganz vollendet, wie Ihr seht. Aber der Umriss ist schon klar vorhanden. Noch einige Tage und alles ist fertig.«

Im Raum herrschte Stille.

Der Landgraf trat zurück, schritt näher heran, kniff die Augen zusammen.

»Mmh«, machte er. »Ja, ja, lieber Meister, das ist schon eine beachtliche Arbeit. Aber ich glaube, mein Verständnis reicht nicht ganz aus.«

Mit rotem Kopf eilte er aus dem Saal.

Als der Landgraf zu seiner Gemahlin trat, hielt diese ihm ihre Hand hin und fragte: »Was macht denn Euer Malermeister im Thronsaal? Wird es was Rechtes?«

Verwirrt gab ihr der Landgraf die Hand zurück und antwortete, wobei er sich zwei Finger an die Wange legte und diese geistesabwesend streichelte: »Oh, zweifellos, zweifellos.«

»Darf ich mir die Arbeit auch ansehen?«

»Die Arbeit? Ah ja. Ach so. Natürlich. Wenn der Meister es erlaubt. Ich selbst bin ganz rechts unten in der Ecke zu sehen, aber noch nicht ganz fertig, hat er gesagt.«

Der Landgraf hielt sich an diesem Detail fest. Obwohl alle Indizien gegen ihn und seine Legitimität sprachen, hielt er es für möglich, dass alles, jedes Gesicht und jeder Körper der dargestellten Ahnen, wie durch Zauberhand erscheinen würde, wenn nur er selbst, der vorläufige Höhepunkt der Geschichte des Hauses Hessen, in seiner Leinwandecke zu Ende gemalt sei.

Die Landgräfin meldete sich bei Eulenspiegel an. Er erklärte ihr dasselbe, was er ihrem Mann gesagt hatte: Wer unehelich sei, könne seine Farben nicht sehen. Die Landgräfin lachte darüber, aber später überkam sie ein eigenartiges Gefühl, und sie ließ sich von acht Jungfrauen und ihrer Hofnärrin zur Besichtigung des Kunstwerks begleiten.

Wieder wurden mit einer feierlichen Bewegung die Schutztücher entfernt und das strahlende Weiß der Wände offenbart.

Die Frauen standen stumm davor.

Till räusperte sich und beschrieb die dargestellten Personen, ihre glorreichen Beziehungen untereinander und den lebendigen Gesamteindruck seiner Malerei.

»Ja, ja«, sagte die Landgräfin leise. »Sie ist in der Tat sehr lebendig. Vor allem der Gesamteindruck.«

»Nicht wahr?«, sagte Till. »Wie Ihr seht, ist Euer Gemahl noch nicht ganz vollendet. Ich hoffe, es schmerzt Euch nicht, ihn unvollständig zu sehen.«

Die Landgräfin bemühte sich zu lächeln.

Da trat die Hofnärrin vor, eine pummelige Gestalt von großer Blässe. Die Haare fielen ihr ins Gesicht, und ihr Mund war schief gewachsen und fast zahnlos. Außerdem hinkte sie.

»Ich sehe nichts!«, schmetterte sie hervor. »Der Teufel soll mich holen, und wenn ich auch ein Hurenkind bin, ich kann nichts erkennen!«

Eulenspiegel versuchte, ihren Blick zu erhaschen und sie durch ein vertrautes Zeichen, von Narr zu Narr, zum Schweigen zu bringen. Aber sie blickte nicht ihn an, sondern nur die leere Wand. Wenn jetzt schon Narren die Wahrheit sagen, dachte er, so wird es Zeit für mich, zu verschwinden. Er lachte und sagte:

»Die Närrin spricht, wie es ihrer Zunft gemäß ist!«

Die anderen Frauen reagierten mit erleichtert hüstelndem Gekicher.

»Nun, wie hat Euch das Gemälde gefallen?«, fragte der Landgraf ängstlich, als er seine Frau wiedersah.

»Ja, das Gemälde«, sagte sie. »Ich schließe mich Eurem Urteil an, liebster Gemahl. Eine wirklich außerordentliche Arbeit. Man wird noch in vielen Jahren davon sprechen, da bin ich sicher.«

Der Landgraf blickte sie an, dann ließ er den Kopf hängen.

»Aber die Hofnärrin werden wir vielleicht entlassen müssen«, sagte die Landgräfin. »Denn sie sagte, dass sie nichts erkennt. Sie sieht nur Weiß. Haha, stell Euch vor, nur eine weiße, leere Wand sieht sie!«

Dem Landgrafen fiel ein Trinkbecher aus der Hand.

»Deine Hofnärrin?«, fragte er.

»Ja«, sagte die Landgräfin. »Das arme Ding. Ich hatte sie eigentlich recht gern.«

Der Landgraf befahl dem Malermeister, sein Werk so schnell wie möglich zu beenden. Er hatte vor, sein gesamtes Gefolge vor das Gemälde treten zu lassen. Auf diese Weise würde er erkennen können, welcher seiner Ritter ehelich und wer unehelich gezeugt worden war. Denn die Lehen von Unehelichen fielen, so schrieb es das Landesgesetz vor, an ihn selbst zurück.

Eulenspiegel wusste, dass seine Zeit gekommen war. Er ging zu seinen Gesellen und entließ sie. Vom Rentmeister erhielt er hundert Gulden für die Vollendung des Werkes, und noch in derselben Stunde schlich er sich aus dem Schloss und verschwand.

Als der Landgraf erfuhr, dass der Maler sich still und heimlich von seinem Hof entfernt hatte, ließ er das Gesinde vor das Gemälde treten. Niemand sah etwas. Es konnten doch nicht alle unehelich sein! Wie sollte das zugehen, bei Adam und Eva? Nein, das Land Hessen war kein Land der Bastarde. Der Landgraf wusste: Er war betrogen worden.

»Ah!«, hörte er eine dünne Stimme aus dem Gefolge. »Der Landgraf in der rechten Ecke, der ist vortrefflich gelungen!« Es war die Hofnärrin, die das sagte. Sie deutete aufgeregt in die leere Ecke der Leinwand und beschrieb, zur großen Erheiterung der anwesenden Ritterschaft, die kostbaren Gewänder des dargestellten Mannes, seine überaus fürstliche Körperhaltung und das edle Gesicht, ein helles, beinahe weißes Gesicht mit Augen so klar und rein wie ein tief im Wald verborgener Teich.

## *Wie Eulenspiegel in Erfurt einem Esel das Lesen eines Psalters beibrachte*

In Prag geriet Eulenspiegel unversehens an die Universität. Wie das kam? Nun, er hatte sich, die Künstlerverkleidung abstreifend, als Gelehrter ausgegeben, und schon einen Tag später saß er vor einer Versammlung empörend gleich aussehender Studenten und hörte sich Fragen des Rektors an. Solcherlei Dinge schienen ganz normal zu sein an einer Universität. Man legte einander Rätsel vor und wartete ab, ob der andere sie lösen konnte.

»Wie viel Ohm Wasser sind im Meer?«, fragte der Rektor.

Till wusste nicht, was das sollte. So mussten sich die Genarrten fühlen, wenn er mit ihnen fertig war. Und was für Hüte diese Menschen trugen!

»Wenn Ihr die Frage nicht beantworten könnt, so wird es ein Leichtes sein, Euch als den ungelehrten Widersacher der Wissenschaft zu überführen, der Ihr zweifellos seid.«

Till brauchte eine Weile, um zu verstehen. Dann nickte er und bat um Wiederholung der Frage.

»Wie viel Ohm Wasser sind im Meer?«, näselte der Rektor.

»Herr Rektor«, sagte Till. »Das kann ich leicht angeben. Ihr müsst dafür nur die Wasser anhalten für ein paar Tage, dann will ich messen gehen.«

Die Studenten murmelten.

»Ich gehe zur zweiten Frage über«, sagte der Rektor. »Wie viele Tage sind vergangen von Adams Zeiten bis zum heutigen Tag?«

Eulenspiegel schaute die Studenten an. Aber ihre Gesichter waren so leer, dass er sich abwenden musste.

»Sieben«, sagte er.

»Wie das?«

»Wenn sieben Tage herum sind, dann beginnt man wieder bei eins zu zählen. Und so weiter bis zum Ende der Welt.«

»Ja aber«, sagte der Rektor. Aber ihm fiel nichts ein.

Es folgte die dritte Frage.

»Wo befindet sich der Mittelpunkt der Welt?«, fragte der Rektor.

»Da«, sagte Till und deutete auf den Hut eines Studenten, der in der ersten Reihe saß. Dieser zuckte erschrocken zusammen und fasste nach seinem Hut. »Ihr könnt augenblicklich nachmessen, wenn Ihr mir nicht glaubt«, versicherte Eulenspiegel.

Der Rektor versuchte es ein letztes Mal:

»Wie weit ist es von der Erde bis zum Himmel?«

Till überlegte nicht lange.

»Sehr nahe«, sagte er.

»Präzisiert diese Antwort!«, verlangte der Rektor.

»Wenn man im Himmel redet oder ruft, hört man es hier. Klettert bitte in den Himmel, Herr Rektor, ich rufe dann hier unten Euren Namen. Bei meiner Gelehrtenehre schwöre ich, Ihr werdet ihn klar und deutlich vernehmen.«

Als Till nach Erfurt kam, um an der berühmten Universität seine Kundmachung anzuschlagen, in der er seine weithin berühmten Fähigkeiten als Lehrmeister in allen möglichen Wissensgebieten anpries, war ihm sein Ruf bereits vorausgeeilt. Die Studenten und Professoren schmiedeten Pläne, wie sie diesen disputiergewandten Spitzbuben in eine Falle locken konnten. Sonst gab es nämlich nicht viel zu tun für sie. Man hatte ja schon, ähnlich wie auf der Prager Universität, alles im Himmel und auf Erden erforscht und durchleuchtet, die Maße und Verhältnisse der Sterne und Planeten waren errechnet worden, die Ursachen für Kometenzusammenstöße und Vulkanausbrüche waren bekannt, ebenso die Miasmen und Säfte, die den menschlichen Körper krank machten, und den

Theologen war die Heilige Schrift nach vielen Jahrhunderten intensivsten Studiums so vertraut, dass sie auch auf diesem Gebiet keinerlei Entdeckungsbedürfnis mehr in sich ausmachen konnten. Ein Narr wie Till Eulenspiegel und die damit verbundene Herausforderung kam ihnen daher sehr gelegen.

In einem Kellerlokal gelangten sie nach weitschweifigen Diskussionen zu der Entscheidung, dem Herrn Magister Eulenspiegel einen Esel in die Lehre zu geben. Erfurt war bekanntlich voll mit diesen edlen Tieren.

Eine Abordnung der Universität sprach bei Eulenspiegel vor und sagte:

»Hochberühmter Herr Magister, aus Euren gelehrten Schriften, die Ihr an die Tore unserer Universität geschlagen habt, erfahren wir, dass Ihr in der Lage seid, jeglicher Kreatur alles beizubringen. Darum sind wir, die Professoren und Studenten der Universität, zu dem Entschluss gekommen, Euch einen besonderen Schüler vorzustellen, dem Ihr das Lesen und Schreiben beibringen sollt. Seht her, hier kommt er.«

Man brachte den Esel. Er blieb in der Türschwelle stehen, wollte nicht weiter. Man drängte ihn, man lockte ihn, aber der Esel stand da, mit zusammengekniffenen Augen, und rührte sich nicht. Einmal brüllte er ohne erkennbaren Grund, beruhigte sich aber gleich wieder.

Eulenspiegel besah sich das Tier eine Weile und sagte:

»Da habt Ihr mir aber einen schwierigen Schüler gebracht. Doch ich nehme die Aufgabe selbstverständlich an. Die Kreatur, die meinen Lehrkünsten unzugänglich ist, wurde noch nicht von Gott auf diese Erde gesetzt.«

Der Esel deutete einen Schritt nach vorne an, überlegte es sich dann aber anders und setzte den Huf zurück, wo er gewesen war.

»Freilich ist es ein Wesen, das nicht sprechen kann«, sagte Till. »Das erschwert die Aufgabe etwas. Und überdies hat er keinerlei Verstand im Leib. Ich nehme an, Ihr kennt den Zustand?«

Ein Professor nickte eifrig, die anderen standen da und fragten sich, worauf Eulenspiegel hinauswollte.

»Für fünfhundert alte Schock bringe ich diesem Grautier das Lesen bei«, verkündete dieser.

Man reichte ihm die Hand darauf.

Mit seinem neuen langgesichtigen Gefährten zog Eulenspiegel in die Herberge »Zum Turm«. Der Esel hatte, wie es schien, nichts gegen ihn und folgte ihm überallhin. Er reagierte sogar auf Handzeichen.

»Wirt«, sprach Eulenspiegel. »Ich benötige einen eigenen Wohnraum für meinen Schüler.«

»Selbstverständlich, Herr Professor«, antwortete der Wirt. »Wann erscheint denn euer Schüler?«

»Was sagst du da? Hast du keine Augen im Kopf?«

Verwirrt blickte sich der Wirt um.

Till deutete auf den Esel.

»Euer Schüler? Das?«, fragte der Wirt und lachte vorsichtig.

Till blickte ihn an und hielt seine Gesichtszüge ernst und hart. Schließlich wurde der Wirt, der von Till eine großzügige Anzahlung aus dem Wettgeld erhalten hatte, sehr zahm, wies dem grauen Studenten des Professors einen eigenen Stall zu und verzog sich.

Nachdem dies erledigt war, ging Eulenspiegel zu einem Buchhändler. Er stellte sich ihm mit allen Fantasietiteln vor, die ihm einfielen, und verwies auf die an der Universität angeschlagenen Gelehrtenbriefe. Der Buchhändler war ein freundlicher, alter Mann, der den berühmten Doktor herzlich willkommen hieß und fragte, wie er ihm zu Diensten sein könne.

»Einen Psalter bräuchte ich.«

»Aber selbstverständlich, Herr Professor. Ich habe einige schöne Ausgaben hier.«

Er zeigte ihm einen kleinen, der bequem auf jeder Tischplatte Platz fand.

»Nein«, sagte Till. »Die Seiten sind zu dünn. Ich suche eher etwas Maulgerechtes.«

Der Buchhändler verstand nicht.

»Etwas, das Lippen genügend Widerstand bietet.«

»Lippen«, wiederholte der Buchhändler überfordert. Dann lachte er. Zweifellos hatte der berühmte Professor einen besonderen Humor.

»Es ist für meinen Schüler«, sagte Eulenspiegel ernst. »Er hat keine Hände. Er blättert das Buch mit seinen Lippen. Ich bitte Euch, nicht länger darüber zu lachen.«

Dem Buchhändler wäre allerlei aus den Händen gefallen, wären diese nicht leer gewesen. Er zog seine Brille von der Nase und bat leise um Verzeihung. Er habe nicht mit dieser Möglichkeit gerechnet.

»Deshalb seid Ihr auch kein Professor«, sagte Till.

Der Buchverkäufer gab das bereitwillig zu und machte Till einen Sonderpreis für einen Psalter, der dicke, fleischig fettige Seiten aufwies.

»Ideal«, meinte Till, bezahlte und ging.

Der Esel hob den Kopf aus der Futterkrippe, als Eulenspiegel mit dem speckigen Psalmenbuch neben ihn trat. Till schüttete Hafer zwischen alle Seiten des Buches und legte es dem Esel vor. Dieser begann sofort, mit Lippen und Zunge die Seiten zu wenden, um an den köstlichen Hafer zu kommen. Dann war das Buch zu Ende, der Psalm 150 erschien, in dem alles, was Atem hatte, Gott pries. Und dann eine leere Seite. Ohne Hafer.

»I-Aaah!«, schrie der Esel. »I-Aaah!«

Am nächsten Abend rief Eulenspiegel die Professoren und Studenten der Universität zu sich. Es sei doch schneller gegangen mit diesem außerordentlich gelehrigen Schüler als gedacht. Natürlich sei er bisweilen etwas grob und störrisch, aber mit Mühe und Fleiß habe er ihn schließlich so weit gebracht, dass er einige Buchstaben lesen könne. Besonders die Vokale, diese edelsten Laute von allen, beherrsche er vorzüglich.

Eulenspiegel hatte dem Esel den ganzen Tag über nichts zu fressen gegeben. Das Tier war hungrig und schrie.

Da setzte man ihm den ungewöhnlichen Fressnapf von gestern vor – der Esel erkannte ihn sofort wieder und fuhr mit Lippen und Zunge zwischen die Blätter des Buches. Irgendwann würde der köstliche Hafer schon kommen.

Aber da war das Buch zu Ende und – kein Hafer. Nur die beiden Buchstaben I und A standen von Eulenspiegels Hand geschrieben auf der letzten Seite. Das Maul suchte und die Nase schnupperte, aber auch hier: nichts!

»I-Aaah!«, protestierte der Esel.

Noch nie in seinem kurzen Grautierleben war er auf dem Gebiet der Mustererkennung so enttäuscht worden.

»Seht Ihr?«, sagte Till. »Das I und das A kann er schon. Ich hoffe, dass er bald alles lesen wird, was man ihm vorsetzt.«

Am Ende ließ Eulenspiegel den Esel gehen, ohne ihm, wie es sonst mit fast allen Tieren geschah, die ihm unterkamen, etwas anzutun. Ja, man kann sagen, sie schieden als Freunde. Der Esel kehrte zurück zu Menschen, die ständig am ihm zerrten und ihn traten, wenn er nicht weitergehen wollte. Er bekam einen Strick um den Hals und musste Mühlräder drehen, die ihn noch in seinen Nachtträumen beschäftigten: riesige, knarrend mahlende Wesen, die von allen Seiten gleich aussahen.

Eulenspiegel hingegen verließ mit dem verdienten Geld die Stadt und wünschte dem Grautier alles Gute. Den Psalter warf er in eine Baumkrone. Es brauchte drei Anläufe, aber dann blieb das Buch mit den vom Gebrauch durchweichten Seiten in den Ästen hängen, und Till ging zufrieden weiter.

## *Eulenspiegel und die Pelze der Frauen von Nienstedt*

Im Lande Thüringen kam Till in das Dörfchen Nienstedt. Es war kalt, und er fragte bei einer Wirtin um Herberge. An dieser Frau fiel ihm sofort auf, dass sie schielte, ihr linkes Auge nahm völlig selbständig plötzliche Richtungsänderungen vor, die nicht zu denen des rechten passten. Die Frau wollte von Till wissen, welches Handwerk er ausübe.

»Kein Handwerk«, antwortete er. »Ich sage wahr.«

»Ah, ein Wahrsager also?«

»Nein«, sagte Till. »Ich sage die Wahrheit.«

Die Frau hielt einen Finger an die Lippen, während sie nachdachte.

»Nun«, entschied sie, »jene, die die Wahrheit sagen, sind mir herzlich willkommen.«

»Ihr schielt gewaltig«, sagte Till.

Das Gesicht der Frau verfinsterte sich.

»Ihr kennt mich nicht«, sagte sie. »Und doch beleidigt Ihr mich. Geht doch zum Teufel!«

»Aber liebe Wirtin«, sagte Till. »Das ist doch mein Beruf: die Wahrheit zu sagen. Ihr wisst selbst, dass Euer linkes Auge eigenständig in seiner Höhle herumrollt, und ich sehe es. Gerade jetzt geht es etwas nach links. Bestimmt gefällt ihm nicht, dass ich über es spreche und es betrachte. Es will sich ganz von mir abkehren. Euer Auge fällt jedem auf, der Euch ins Gesicht schaut. Weshalb sollte ich Euch nicht die Wahrheit sagen?«

»Nun ja«, sagte die Wirtin. »Ich bin eine erwachsene Frau und kann Spaß verstehen, aber…«

»Ihr schielt«, wiederholte Till mit gelehrtem Ernst in der Stimme.

»Ja doch«, sagte die Frau. »Das weiß ich!«

»Jawohl, Ihr wisst selbst, dass Ihr schielt. Das ist die Wahrheit in diesem Fall.«

Die Frau seufzte.

»Ihr könnt bei mir Herberge nehmen«, sagte sie. »Aber benehmt Euch.«

Sie brachten seinen Sack und seinen Wanderstab in das Zimmer, Till bezahlte für die Nacht und bat die Wirtin um etwas zu essen. Sie brachte Brot und Wurst, und er setzte sich an den Tisch.

»Wisst Ihr«, sagte er, »ich bin nicht nur ein Wahrheitssager, sondern auch einer, der sich auf allerlei Arten von Handwerk versteht.«

»So? Gerade eben noch sagtet Ihr, dass Ihr kein Handwerker seid.«

»Gute Wirtin, Ihr verdreht mir das Wort im Munde!«

»Wie?«

»Ich habe gesagt, dass ich keinem Handwerk nachgehe. Aber ich verstehe mich auf –«

»Jaja, ist schon gut«, sagte die Frau.

»Ich kann alles«, sagte Till. »Habt Ihr etwas zu tun für mich?«

»Ihr sucht also Arbeit?«

»Nein. Ein Arbeitssucher bin ich nicht. Wie gesagt, ich bin in erster Linie Wahrheitssager. Und verstehe mich auf jedes Handwerk.«

»Aber …«

»Und die Arbeitssuche selbst ist kein Handwerk. Das Gespräch mit Euch ist wirklich nicht einfach, gute Frau.«

Das linke Auge der Wirtin wanderte langsam in eine Ecke, in derselben Geschwindigkeit wie eine Faust, die zu einem Schlag ausholt.

»Schon gut«, sagte sie. »Ich hoffe, es schmeckt Euch.«

»Also habt Ihr nichts für mich zu tun?«

»Ach«, sagte die Frau. »Es wären ein paar Pelze zu waschen. Aber das kann ich im Grunde auch allein.«

Till stand auf.

»Gute Frau«, sagte er und legte eine Hand auf seine Brust. »Vor Euch steht der größte Pelzwäscher des Landes … wo sind wir? Thüringen. Ja, genau, Thüringen. Ich habe zumindest noch keinen größeren getroffen. Ich kann die Pelze aller Frauen in der Nachbarschaft waschen. Ihr werdet Euch wundern, wie schnell ich bin.«

Die Wirtin blickte ihn an und dachte nach. Es war eine elende Arbeit, das Waschen der Pelze. Wenn dieser Witzbeutel sie ihr tatsächlich abnehmen wollte, würde sie nichts dagegen haben.

»Einverstanden«, sagte sie. »Ich bringe Euch die Pelze.«

Sie ging zu den Nachbarinnen und erzählte ihnen von dem größten Pelzwäscher des Landes, der zufällig bei ihr abgestiegen sei. Nein, dafür habe sie keinen Beweis, es sei ein etwas wunderlicher junger Mann, der wohl Arbeit suche. Dies zuzugeben sei er sich aber offenbar zu fein, weswegen er einem allerlei fantastische Reden halte.

Die Frauen brachten die Pelze, und Till legte sie in einen Kessel.

»Nun gebt Milch«, sagte Till.

Die Frauen schauten ihn verständnislos an.

»Ich meine, bringt Milch«, präzisierte Till mit weltmännischer Gebärde. »Die Pelze müssen in Milch gekocht werden, das ist das geheime Rezept. Sie werden sich hinterher anfühlen wie lebendig!«

Dies leuchtete den Frauen ein. Till ekelte sich insgeheim vor der Milch, er fasste die Gefäße nicht an. Als alle Pelze in der dickflüssigen Milch schwammen, zündete er das Holzfeuer an und ließ die Pelze sieden und kochen.

»Nun müsst ihr in den Wald gehen und mir Lindenholz bringen. Schneeweiß muss es sein, nur die jüngsten Äste. Ich brauche sie für das Auswaschen der Pelze.«

Die Frauen taten, was er verlangte. Die Anweisungen waren so ungewöhnlich, dass sie einfach sinnvoll sein mussten.

Als sie zurückkehrten, lagen die Pelze in der erkaltenden Milch und waren verdorben. Till war verschwunden. Er hatte längst seine Besitztümer aus der Stube geholt und das Dorf verlassen.

Die Landschaft ringsum lag bald in vollkommener Dunkelheit. Nicht einmal der Mond wollte sich zeigen. So muss ich heute Nacht eben auf einem Feld übernachten, dachte er. Dabei hätte ich es bei der Wirtin bequem haben können. Aber ich bin ihr entkommen, haha! Gott, wie das Weib schielte!

## *Wie Eulenspiegel sich bei einem Schneider verdingte*

In Berlin versuchte sich Till als Schneidergeselle. Eines Tages erklärte ihm der Meister, dass er *verdeckt nähen* solle, mit französischer Naht. Till nickte und tat, wie ihm geheißen. Aber dann geschah etwas in ihm: Ein Kieselsteinchen tief in seinem Inneren wechselte den Platz. Verdeckt nähen, dachte er. Ihm fiel ein großer Waschzuber auf, der verkehrt herum auf dem Boden stand. Er kroch unter ihn, sodass er von ihm vollständig verdeckt wurde – und setzte dort, in der Dunkelheit, seine Näharbeit fort.

Der Schneider fand ihn so.

»Was tust du da?«

»Meister, Ihr habt mir befohlen, verdeckt zu nähen. Und hier drinnen sieht mich niemand. So ist es wohl richtig.«

Der Schneider hob den Zuber hoch und zog Till auf die Beine.

»So hab ich das nicht gemeint«, sagte der Schneider. »Ich muss schon sehen können, was du machst. Damit ich weiß, ob die Arbeit gut ist.«

»Ja was denn nun?«, wollte Till wissen. »Verdeckt oder offen?«

Der Schneider erklärte ihm geduldig das Missverständnis.

Drei Tage später saßen sie abends beisammen, der Meister war schon recht müde, ihm rutschte der Kopf von der Stützhand. Nach einer Weile erhob er sich, gähnte und deutete an, schlafen zu gehen.

»Geselle, geh und mach den Wolf da fertig. Dann darfst du auch zu Bett gehen.«

»Den Wolf?«

Der Schneider deutete auf den Bauernmantel aus Wolfspelz, der an der Wand hing. Dieser musste bis morgen fertiggestellt werden, da sein Besitzer schon auf ihn wartete.

Wolf, dachte Till.

Es war noch schwieriger als damals mit den Eulen und Meerkatzen. Natürlich wusste er, wie ein Wolf aussah, zumindest ungefähr, eine Art von sehr wildem Hund, aber wie man aus dem halbfertigen Mantel einen solchen formen sollte, wurde ihm erst nach mehreren Fehlversuchen klar.

Die Augen waren am schwierigsten. Und die Schnauze. Die Zähe konnte man mit einer Schere hineinschneiden, zick-zack, auf und ab. Till geriet über der Arbeit in einen belebenden Taumel und gab leise Wolfsgeräusche von sich, wenn ihm ein bestimmter Körperteil des unter seinen Händen entstehenden Tieres besonders überzeugend gelungen war.

Die Beine kamen als Letztes dran, denn das Ganze sollte stehen können. Vielleicht würde er es sogar schaffen, einen Vorderlauf schweben zu lassen und den Wolf sozusagen im Trab zu zeigen.

*Wolf, Wolf, Wolf*, sagte es in seinem Inneren. Ich tue nur, wie mir geheißen. Er hat gesagt: Wolf. Und hier ist einer.

Nach mehreren Stunden geduldiger Arbeit ging er zu Bett. Er schlief friedlich und erlöst. Es lag etwas außergewöhnlich Heilsames darin, solche Befehle, wie sie der Schneider zu geben pflegte, auszuführen. Till stellte sich einen Menschen vor, der alles beim Wort nahm. *Beim Wort nehmen* – auch das war so ein Ausdruck: Jemand fasste in die Atemwolke eines sprechenden Menschen und pflückte sich daraus ein Wort, *nahm* den Sprecher daran, so wie man einen Zirkusbären am Nasenring zieht, um ihn vor das Publikum zu zerren.

Am frühen Morgen erwachte Till von einem lauten Schrei. Er hörte den Schneider unten in der Werkstatt schimpfen und freute sich. Zweifellos hatte er sich vor dem Wolf erschreckt, der dort auf der Werkbank stand.

»Geselle, was treibst du nun wieder für Unsinn? Was hast du aus dem Wolf gemacht?«

»Einen Wolf«, antwortete Till stolz. »So wie Ihr es mich geheißen habt, Meister.«

Unglauben zeigte sich auf dem Gesicht des Schneiders. Dennoch schien er seine Wut über den verdorbenen Mantel hinunterzuschlucken. Er sagte:

»Das hast du falsch verstanden. Wolf meint hier das Material. Ich wollte natürlich keinen Wolf daraus gearbeitet haben! Aber das weißt du doch!«

»Nein«, antwortete Till. »Ich kenne nur die Wölfe draußen im Wald. Die sehen so aus. Mäntel hab ich dort noch keine herumlaufen gesehen. Auch würde man sich vor Mänteln nicht so fürchten wie vor Wölfen, Meister. Ja, ich bin mir sicher, Ihr habt gestern Wolf gesagt.«

»Ja doch«, sagte der Schneider mit einem ungeduldigen Seufzen. »Ich habe Wolf gesagt. Ich meinte den Mantel, der aus Wolfspelz gearbeitet ist. Jetzt ist er verdorben.«

»Weil er ein Wolf geworden ist«, stellte Till schuldbewusst fest.

Der Schneider entschied sich, ihm auch diesmal zu verzeihen. Er hatte einige Zweifel, ob der Geselle wirklich so einfältig war, wie er zu sein vorgab, aber er war von Natur aus ein langmütiger Mensch. Vier Tage lang achtete er peinlich darauf, jede Zweideutigkeit zu vermeiden. Seine Anweisungen überlegte er sich lange und gut, und Till bemerkte dies und ärgerte sich im Stillen, tat aber alles, was ihm aufgetragen wurde.

Am Abend des vierten Tages war der Meister wieder recht müde und ging früh zu Bett. Ein unfertiger Rock lag noch auf der Werkbank, den gab er Eulenspiegel.

»Wirf noch rasch die Ärmel an diesen Rock, dann kannst du auch schlafen gehen«, sagte er.

Tills Gesicht leuchtete auf.

»Natürlich, Meister. Sofort.«

Wurfspiele hatte er immer gemocht! Schon als Kind waren sie ihm die liebsten gewesen. Besonders solche mit eindeutigem Ziel. Er befestigte den Rock an einem Haken, sodass er wie der kopflose Oberkörper eines Gespensts vor ihm schwebte. Er zündete Kerzen an. Er begann die Ärmel zu werfen. Das war ein Spaß! Meist verfehlte er das Ziel, aber wenn er den Rock traf, freute er sich sehr. Eins, zwei – dann lief er, um sie aufzusammeln. *Wirf die Ärmel, wirf die Ärmel,* dachte er. Die ganze Nacht tat er genau dies. Er staunte selbst über seine Ausdauer und Kraft, eins, zwei – die Ärmel verdrehten sich in der Luft und flogen irgendwohin, sie streiften sogar ein paarmal die Kerze, die davon ausging.

Am Morgen überraschte der Meister Eulenspiegel bei seinem Wurfspiel. Er stand eine Zeitlang da, beobachtete das Treiben des seltsamen Gesellen und versuchte zu begreifen, was hier geschah. War er von einem Dämon besessen? War er verrückt geworden?

»He«, sagte er. »Was machst du da?«

»Meister«, sagte Till und hörte auf, Ärmel zu werfen. »Endlich seid Ihr wach! Ich verliere hier noch meinen Verstand. Warum habt Ihr mir solch eine unerfüllbare Arbeit aufgegeben? Ihr seid doch ein hartherziger Mensch. Ihr bestraft mich, ohne dass ich weiß, wofür.«

»Was sprichst du da? Ich habe dir doch nicht befohlen, die Ärmel in der Stube herumzuschmeißen.«

»Doch, Ihr sagtet: Wirf die Ärmel an den Rock.«

Des Schneiders Augen verengten sich.

»So«, sagte er, »habe ich das natürlich nicht gemeint.«

»Ihr hättet mich lieber schlafen gehen lassen sollen«, jammerte Till. »Denn jetzt bin ich vollkommen erschöpft und entkräftet, die ganze Nacht habe ich es versucht, aber die Ärmel wollten nicht hängen bleiben.«

»Annähen hättest du sie sollen.«

»Ja, warum sagt Ihr das denn nicht? Nähen kann ich doch. Bloß werfen, darin bin ich nicht gut.«

Der Schneider sagte nichts. Er bemerkte die herabgebrannten Kerzen.

»Ich muss jetzt schlafen gehen«, sagte Till. »Die ganze Nacht eine solche sinnlose Arbeit. So etwas hab ich noch nicht erlebt!«

»Du hast meine Kerzen verbraucht«, stellte der Schneider fest.

»Ich muss ins Bett«, sagte Till.

»Fürs Schlafen bezahle ich dich aber nicht.«

»Meister, Ihr habt ein steinernes Herz!«, sagte Till.

Darauf wurde er vom Schneider eigenhändig aus dem Haus geworfen. Seine Sachen flogen ihm durch das Fenster hinterher. Er suchte sie zusammen und wanderte davon. Die kalte Morgenluft tat seinen erschöpften Armen gut. Ein Bett, dachte er, das wäre jetzt das Richtige. Dieser Gedanke brachte ihn zum Lachen. *Ärmel werfen*, dachte er. *Wolf fertig machen*. Für einen Augenblick tanzte das Bild eines Wolfsungeheuers mit langen Stoffärmeln vor ihm hin und her. Dem hab ich's gezeigt, sagte er sich, als er in einen Feldweg einbog, wo der Wind schärfer wehte.

## *Wie Till im Sachsenland Steine säte*

Als Till nach Bremen kam, war er vom Hunger und den nächtelangen Wanderungen so erschöpft, dass er nicht wusste, wie es weitergehen sollte. Er kam von einer Herberge in die nächste, und immer wenn ein stärkendes Abendmahl und eine ruhige Nacht vor ihm lagen, ergab sich eine Gelegenheit zu einem Streich, und er folgte dem dunklen Zwang. Bald kannten ihn alle Leute. Die meisten hassten ihn und gingen ihm aus dem Weg, wenn sie ihn auf der Straße sahen. Till gefiel das ganz außerordentlich. Es kam vor, dass er die Hand ausstreckte und so tat, als banne er den ihm ausweichenden Menschen durch eine unsichtbare Zauberwirkung seiner Finger.

Allmählich wurde er der Bremer überdrüssig. Gab es denn gar keine Abwechslung hier? Überall dieselben Gesichter, dieselben Händel und Streitereien, dieselben Spielkarten, Trinkgläser und Körperhaltungen, dieselben Pflastersteine.

Eines Morgens ging Till am Ufer der Weser spazieren, unschlüssig und haltlos. Jede Blume erschien ihm tretenswert, jede Ente auf dem Wasser wie ein Feind, den die Natur dort hingesetzt hatte, ihm zur Last. Und die Sonne bewegte sich jeden Tag von einer Seite zur anderen! Wie ein großer goldener Taler, der über den Himmel rollt. Wollte es heute denn gar nicht mehr Mittag werden?

Er hatte bohrenden Hunger. Er sah einen Hund auf dem gegenüberliegenden Flussufer und streckte die Hand nach ihm aus. Seine Hand, stellte er beeindruckt fest, war so groß wie die ganze Welt. Er könnte den Globus, wenn er dazu Lust hätte, anhalten und dann wieder weiterdrehen. Es wäre gewiss ein Leichtes. Er

hob einen Stein vom Boden auf und spielte mit ihm. Für einige Minuten wurde der Stein sein Vertrauter und Beichtvater. Kirchtürme erschienen in der Ferne, er zeigte sie dem Stein, und dieser wurde dabei ein wenig wärmer in seiner Hand. Ein Gedanke an Gott und das Kreuz streifte ihn, und er musste lachen. Er warf den Stein ins Wasser. Den finde ich nie mehr, dachte er, und die Vorstellung machte ihn unendlich traurig.

Aber es gab noch mehr Steine. Wie im Traum begann er, sie aufzusammeln und in seine Taschen zu stecken. Natürlich, es mussten so viele wie möglich sein. Was für eine Frage. Schau, die Enten da unten. Sie haben Flügel, ich nicht.

Vom vielen Bücken wurde ihm schwindlig. Er hatte seit zwei Tagen nichts mehr gegessen. Die Leute kannten ihn alle. Bremen! Aber er war zu schwach, um in eine andere Stadt zu marschieren. Soldat werden, dachte er. Soldat! Der Gesichtsausdruck vieler Steine hatte etwas entschieden Militärisches. Er ließ sie aneinanderknirschen und stellte sich Schlachtfelder vor. Dann dachte er an seine Mutter. Sie lag jetzt bestimmt irgendwo in der Sonne. Und ein Schatten, vielleicht von einem Baum oder einem Mann, fiel auf sie.

Gegen Mittag fand sich Till vor dem Bremer Rathaus ein. Er lief auf und ab und säte die Steine nach beiden Seiten. Ein paar Kaufleute, die aus Hamburg in die Stadt gekommen waren, sahen ihn, hielten ihn an und fragten, was er da tue.

»Ich säe Schälke«, sagte Till.

Sie verstanden nicht, was er meinte.

»Ich säe Schälke«, erklärte Till und deutete eine Verbeugung an.

»Ach, Schälke. Na ja, davon gibt es doch hier mehr als genug«, sagte einer der Kaufleute. Die anderen stimmten ihm zu.

»Das ist wahr«, sagte Till. »Aber die Schälke sitzen hier in den Häusern. Ich finde, sie sollten auf den Straßen sein. Deshalb säe ich.«

Er schwankte leicht hin und her. Noch nie in seinem Leben hatte er sich so im Recht gefühlt wie jetzt. Die große, aus hellem Stein gebaute Statue am Rathausplatz warf einen Schatten.

»He, warum säst du nicht ehrliche Leute?«, fragte einer der Hamburger Kaufleute. »Ich hätte gestern weiß Gott welche gebrauchen können.«

»Ha!«, lachte Till und warf eine Handvoll Steine nach der Fassade des Rathauses. »Ich kenne diese Stadt! Und sie kennt mich. Hier gehen keine ehrlichen Leute auf. Die bleiben als Knospen am Boden liegen, und jemand kommt und zertritt sie wie Kastanien.«

Die Kaufleute lachten, aber verschwanden schnell, als sie eine Stadtwache näher kommen sahen. Till blieb stehen. Ich bin der Schatten, den die Statue wirft, dachte er.

Die Stadtwache nahm ihn wegen Unruhestifterei fest. Über das Wort musste er lachen. Er bat die Wache um ein Stück Kuchen. Er wolle darauf Flöte spielen. Es sei bald Mittag.

Man sperrte ihn in eine Zelle. Wenn jemand daran vorbeiging, begann Till zu sprechen und machte Scherze. Zwischendurch ließ er den Kopf hängen und starrte auf seine Hände. Er hatte noch ein paar Steine in den Taschen. Die ließ er auf den Zellenboden fallen.

Er wurde vor den Rat gebracht. Man befahl ihm, den Schotter, den er vor dem Rathaus ausgestreut hatte, aufzusammeln und anschließend aus der Stadt zu verschwinden.

Till tat, wie ihm geheißen.

Die Sonne schien, er klaubte die Steine in einen großen Sack und redete leise mit ihnen. Jemand, den er noch nie gesehen hatte, steckte ihm ein Stück Brot zu. Er biss einmal davon ab, kaute, und obwohl er sehr hungrig war, spuckte er das Brot in hohem Bogen aus.

In der Abenddämmerung des nächsten Tages erreichte Till Eulenspiegel die Stadtgrenze von Dithmarschen. Er sprach immer noch mit seinen Steinen und gab ihnen Namen. Lauter kleine Schälke. Er war im Recht. Sein linker Schuh war ihm abhandengekommen.

Sein Magen knurrte. Aber der Sack mit den Steinen war noch da.

Am Stadttor sagte man ihm, er dürfe die Stadt nur unter einer Bedingung betreten.

Till schien aus einem Halbschlaf zu erwachen, stellte sich stocksteif auf, salutierte und fragte nach den Gründen dieser Auflage.

»Ihr seid doch der Eulenspiegel?«, sagte man.

Er verneigte sich und ließ einen Stein fallen.

»Ihr seid im ganzen Land bekannt. Es ist Euch erlaubt, die Stadt zu betreten, aber Ihr dürft darin keine Herberge nehmen und auch weder essen noch trinken.«

»Ha«, sagte Till.

Er überreichte dem Wächter einen Stein.

Schließlich fand Till Eulenspiegel im Hafen Unterschlupf auf einem Schiff. Jemand half ihm, den Sack mit den Schalksteinen auf das Schiff zu laden. Dabei riss der Sack entzwei, und laut schreiend, als ginge es um seinen eigenen lebendigen Nachwuchs, versuchte Till die Steine aufzufangen. Doch seine Hände konnten sie nicht fassen, sie rieselten zwischen seinen Fingern hindurch, und überdies waren es viel zu viele. Alle fielen sie ins Wasser. Um ein Haar wäre er hinterhergesprungen, um wenigstens ein paar davon zu retten. Aber jemand hielt ihn fest. Immer gab es diesen einen Mensch, der von der Seite herankam und ihm half. Ihr herzlosen Gesellen, dachte er, dann schon lieber den Rest meines Lebens unter Steinen verbringen. Und er rannte davon aus dieser Stadt, in die ihm sein Ruf leichtsinnig vorausgeeilt war und die ihn deshalb nicht haben wollte. Er schwor Rache, er schwor ewige Wiederkehr, er verfing sich in einem Strauch und kämpfte mit ihm, dann übermannte ihn die Erschöpfung, und er schlief, ausgestreckt, einen halben Tag lang.

## *Weitere Taten Eulenspiegels an verschiedenen Orten*

Als er wieder zu Kräften gekommen war, setzte Eulenspiegel sein Wanderleben fort und absolvierte eine Reihe anspruchsvoller Streiche. Neben ein krankes Kind, das schon länger nicht aufs Klo gehen konnte und an schrecklichen Leibkrämpfen litt, schiss er einen Haufen, sodass die Mutter dachte, ihr Kind hätte sich endlich doch erleichtert. Sie belohnte Till großzügig. Und in Wismar brachte er es so weit, dass ein Händler, der ein Pferd, das Till als das seine ausgab, prüfend beim Schweif zog, diesen in der Hand behielt. Das schweiflose Pferd stand da, und auch der Pferdehändler wusste nicht, wie ihm geschah. Es war ein unheimlicher Moment für alle Beteiligten – und Till erhielt für die Schädigung seines vermeintlichen Besitzes vom Pferdehändler einen angemessenen Geldbetrag.

Schließlich verschlug es ihn wieder nach Bremen. Er erkannte die Stadt nicht wieder. Auch die Bremer schienen ihn nicht zu kennen. Beflügelt von seiner neuen Unsichtbarkeit trieb es Eulenspiegel wilder als je zuvor.

Auf dem Marktplatz fielen ihm mehrere Frauen auf, die großbauchige Gefäße, Flaschen und Fässchen mit Milch neben sich stehen hatten. Es war entsetzlich. Über allem hing dieser säuerliche, an Geburt und Kleinkindhunger erinnernde Geruch! Man verlor den Lebenswillen in solcher Umgebung.

Till ging zu einer der Milchverkäuferinnen und fragte sie nach dem Preis für alle ihre Milch. Sie bekam rote Bäckchen und sagte:

»Oh, mein Herr, wirklich alles?« Und sie nannte eine Summe.

Till war einverstanden. Dann ging er von Frau zu Frau und

kaufte allen alles ab, jeden Tropfen. Sie nannten ihren Preis, und er stimmte mit Handschlag zu. Er zahle bei Lieferung, sagte er.

Die Frauen brachten ihre Flaschen und Krüge. Till fand einen großen Bottich und hieß die Frauen, ihre Milch hineinzuschütten. »Da hinein?«, fragte die erste.

»Ja, natürlich, wohin sonst? Ich zahle dir deinen Preis, gute Frau. Auf mein Wort.«

Eine andere neben ihr, die ein eingefallenes und hohlwangiges Gesicht hatte und schäbige Kleider trug, drängte sich nach vorn und sagte, sie wolle es tun, natürlich, sie brauche das Geld dringend.

Nachdem diese ihre Milch in den Bottich geschüttet hatte, trauten sich auch die anderen. Eulenspiegel bemerkte mit Genugtuung, dass sie einander mit Blicken Mut zusprachen. Ja, es war seltsam, was dieser fremde Herr von ihnen verlangte, aber er hatte ihnen auch eine großzügige Bezahlung mit Handschlag zugesichert.

Als die gesamte Milch in allen Schattierungen der Farbe Weiß im Bottich gesammelt war, wandte sich Till ab und tat so, als wollte er sein Geld aus der Brieftasche ziehen.

»Da wird doch …«, sagte Till und stutzte. »Gute Frauen, es scheint, ich habe mein Geld nicht dabei! Aber ich habe euch mein Wort gegeben. Ich brauche vierzehn Tage, um welches zu besorgen. Wer so lange nicht warten will, der soll seinen Anteil wieder zurücknehmen. Ich bitte um Entschuldigung.«

Das Geschrei war groß. Keine der Frauen konnte sich genau erinnern, wie viel Milch sie in den Bottich geschüttet hatte. Sie stritten miteinander, einige begannen zu weinen. Till stand daneben und lachte.

Die hohlwangige Frau sah ihn an und fragte, warum er das getan habe.

»Hahahaha«, antwortete Till.

Jemand schüttete der hohlwangigen Frau Milch ins Gesicht, und sie musste sich abwenden. Till fiel fast auf den Boden vor Lachen. Jene Frauen, die nicht streiten und kämpfen wollten, weil ihnen entweder der Mut oder die körperlichen Kräfte fehlten, gingen ohne Milch nach Hause. Die anderen trugen blaue Flecke davon, da sie mit den Eimern und Fässchen aufeinander eingeprügelt hatten. Mehrere Tage stank es auf dem Marktplatz säuerlich.

## *Eulenspiegel in Lübeck*

Als Eulenspiegel nach Lübeck kam, war es früher Morgen. Drei Männer waren gerade dabei, einen Galgen abzubauen, der am Tag zuvor zur Anwendung gekommen war. Ein leichter Nieselregen färbte ihre Gewänder dunkel. Till ging an ihnen vorbei und grüßte.

Er hatte schon davon gehört, dass in Lübeck die Gesetze mit Härte und Strenge umgesetzt wurden. Er musste sich vorsehen. Keine Streiche, keine Narreteien.

Aber schon drei Stunden später ertappte er sich dabei, wie er mit zwei Krügen, einen unter dem Rock verborgen, einen in der Hand, zum Lübecker Weinzäpfer unterwegs war. Wie war das gekommen? Nun, in einem Wirtshaus hatte man ihm erzählt, dass der Weinzäpfer ein ärgerlich selbstbewusster Mann sei, der ständig damit prahlte, von niemandem je hereingelegt worden zu sein, da seine Verstandeskraft die aller anderen Menschen übersteige. Till saß da und hörte aufmerksam zu.

»Ja, ja«, sagte er. »Solche Leute kenn ich wohl.«

»Der Weinzäpfer sagt immer, den Mann wolle er sehen, der ihn übers Ohr hauen kann.«

Till nickte. Vor ihm stand ein leeres Bierglas. Darin hatte sich das Sonnenlicht verfangen, ein dünnes Gespinst.

Die Männer wechselten das Thema und besprachen die gestrige Hinrichtung. Es sei keine rechte Stimmung aufgekommen, urteilte einer. Man pflichtete ihm bei.

Tills Plan sah folgendermaßen aus: Zwei identische Krüge, einer davon mit Wasser gefüllt. Den vollen trug Till, wie schon erwähnt, versteckt unterm Gehrock. Es sah etwas seltsam aus, denn er konnte keine normalen Schritte machen. Als er die rutschigen Treppenstufen, die in den Ratskeller führten, hinunterstieg, glich er einem wandelnden Nussknacker.

Der Weinzäpfer war ein großer, bärenförmiger Mann. Seinem Kopf fehlte jede Behaarung, nicht mal Augenbrauen hatte er. Till reichte ihm den leeren Krug und bat um Wein.

Der Weinzäpfer goss ein.

Till drehte ihm den Rücken zu und tauschte den einen Krug gegen den mit Wasser gefüllten aus, blitzschnell, und tat so, als prüfe er den Geruch des Weins.

»Zehn Pfennige!«, sagte der Weinzäpfer ungeduldig.

Till durchsuchte seine Taschen.

»Ja, das ist dumm«, sagte er. »Ich hab nur sechs Pfennige dabei. Ob ich den Wein auch dafür bekommen könnte?«

»Ha!«, rief der Weinzäpfer. »Willst du mir den Preis vorschreiben? So weit kommt's noch! Du weißt nicht, wen du vor dir hast. Mit mir kann man solchen Unfug nicht treiben.«

»Ich habe aber nur sechs Pfennige. Dann schüttet den Wein halt zurück.«

Der Weinzäpfer murrte und nahm den Krug, schüttete den Inhalt in das Fass und sagte:

»Du bist schon ein gewaltiger Dummkopf! Lässt dir Wein einschenken und kannst ihn nicht bezahlen!«

Till wandte sich zum Gehen. Du hast gewonnen, sagte er sich. Wein umsonst. Und von guter Qualität. Alles war glattgegangen.

Aber da blieb er stehen und sagte zum Weinzäpfer:

»Ich bin ein Dummkopf, sagst du. Nun, man erkennt seinesgleichen immer am besten.«

Die Stufen mit dem Krug unterm Rock hinaufzusteigen, war sogar noch schwieriger. Aus dem vollen Weinkrug entkamen einige Tropfen, aber glücklicherweise bemerkte niemand etwas davon. Als er im Freien war, atmete er tief ein, und das alte Gefühl stellte sich ein.

Warum habe ich das zu ihm gesagt?, dachte er. Es wäre ein perfekter Streich gewesen auch ohne meine Bemerkung. Die Sonne war untergegangen, und das Licht wurde seltsam fahl. Eine Stadtwache schwankte die Gasse entlang.

In der Tat war Lamprecht, so hieß der Weinzäpfer, misstrauisch geworden. Schließlich war er ein Mann, der bei jeder Gelegenheit

darauf hinwies, wie klug er war. Der Zufall wollte es, dass er tatsächlich nicht ganz dumm war. Er rief die Stadtwache und schilderte das eben Erlebte. Gemeinsam liefen sie Eulenspiegel hinterher. Er war an seinem komischen Gang leicht zu erkennen.

Die beiden Krüge, die man bei ihm fand, waren Beweis genug. Die Stadtwache führte Till ab. Lamprecht trug den Krug mit seinem Wein zurück in den Ratskeller.

Bei Weindiebstahl verstanden die Lübecker, wie bei allen anderen Gesetzesübertretungen auch, keinen Spaß. Man sprach von Erhängen. Die Männer, die den Galgen gerade abgebaut hatten, mussten ihn wieder aufbauen. Man hatte schon lange überlegt, dieses umständliche System zu ändern und einen jener permanenten Galgen zu installieren, wie sie zu Tausenden in deutschen Städten existierten. Aber etwas an dem Ritual des Galgenaufstellens gefiel den Lübeckern, man versammelte sich, man kam in Stimmung. Bald machte das Gerücht die Runde, der Delinquent sei weithin als Narr bekannt. Eine vielversprechende Aussicht, denn Narren verhielten sich, das wussten die Leute, mitunter sehr drollig bei Hinrichtungen. Fast jeder Lübecker, ob groß oder klein, hatte eine entsprechende Anekdote zu erzählen. Narren im Angesicht des Todes hatten verwirrte Reden gehalten, hatten sich veitstänzerisch betragen und der Menge etwas Possierliches vorgezappelt, hatten zu predigen versucht oder waren ohnmächtig geworden – was würde wohl dieser hier zeigen? Alles war möglich.

Und doch gab es auch Gegenstimmen, die darauf hinwiesen, der Weinzäpfer habe durch sein Geprahle einen solchen Streich, denn um nichts anderes handle es sich, selbst heraufbeschworen. Es habe sie alle seit langer Zeit gejuckt, ihm seine Schlaumeierei auszutreiben. Manche wollten auch gehört haben, der verurteilte Narr verstehe was von der Schwarzen Kunst.

Aber es half alles nichts, die Richter entschieden auf Tod durch Erhängen. Man hatte sich die Gegenargumente geduldig angehört, aber das war nun mal die einfachste Lösung. Außerdem stand der Galgen schon.

Zu Ross und zu Fuß erschienen die Menschen zur Hinrichtung. Das Geschrei war groß, und der versammelte Stadtrat bekam Angst, dass das Lübecker Volk im dichten Gedränge, das den Menschen bekanntlich in naturnahe Zustände zu versetzen pflegt, umstürzlerische Neigungen entwickeln könnte. Vielleicht würde es erzwingen, dass Eulenspiegel freigelassen wurde. Alles war möglich.

Auf der Fahrt zum Stadtrand sprach Till kein Wort. Dies galt denjenigen, die ihm Kenntnisse in der Schwarzen Kunst zutrauten, fast schon als Beweis. Man begann zu rufen, es bildeten sich einander beschimpfende Gruppen. Erst als Till beim Galgen ankam, ließ er seine Stimme hören. Er bat die Richter leise und demütig darum, ihm eine Bitte zu gewähren.

Gespanntes Schweigen in der Menge. Selbst die Mitglieder des Rats zeigten eine gewisse Erwartungsstarre.

»Wisse er«, sagte einer der Richter, »dass ein letzter Wunsch ihm zusteht, aber es gibt Einschränkungen. Er darf nicht den Tod eines anderen Menschen wünschen, item seine eigene Freiheit, item ewige Messen im Dom, item Geld für jemanden, item sonst irgendeine Wohltat, item frommes Gedenken der Nachwelt, nein, er darf nur vernünftige Wünsche äußern.«

Till blickte den Mann an.

»Hat er verstanden?«, wollte dieser wissen.

»Ja«, sagte Till. »Ich werde keinen dieser Wünsche äußern. Mein Wunsch ist von ganz anderer Natur.«

»Nun, wenn er verspricht, dass sein Wunsch keiner der obigen sein wird, so verpflichtet sich der Rat, ihn zu erfüllen nach seinem Tode.«

Man bestätigte dies durch Handschlag.

»Ihr ehrbaren Herren von Lübeck!«, sprach Till, »Ihr habt mir versprochen, meinen letzten Wunsch zu erfüllen, hier ist er: Wenn ich an Eurem Galgen hänge, sollen der Weinzäpfer und die braven Männer, die das Gestell in frommer Arbeit aufgebaut haben, jeden Tag zu meinem pendelnden Leichnam kommen und mich küssen mit dem Mund in den Arsch.«

Einer Frau fiel ihr Säugling von der Brust. Stimmen wurden laut, manche lachend, manche aufgebracht. Die Ratsmitglieder waren entsetzt, sie spuckten aus und sagten, dies sei doch alles andere als ein vernünftiger Wunsch!

Till antwortete:

»Ich halte den Lübecker Rat für den ehrbarsten im Lande. Keinen außer ihn halte ich für fähig, einem solchen letzten Wunsch zu entsprechen. Mit Gottes Hilfe.«

Man beriet sich und befand, dass der Handschlag nicht aus der Welt diskutiert werden konnte. Alle hatten es gesehen. Wenn der Rat einem durch Handschlag vereinbarten letzten Wunsch nicht folge, könne das das Ende aller Ordnung und Ruhe in Lübeck bedeuten. Man müsse sich das versammelte Volk doch nur genauer ansehen. In den Gesichtern zeichne sich Unvorstellbares ab. Wirklich alles sei möglich.

Man beschloss, den Bösewicht laufen zu lassen. So wurde die Stadt Lübeck vor einem Volksaufstand bewahrt und Till vor dem vorzeitigen Tod am Galgen.

## *Eulenspiegel und die Kunst, eine Frau dazu zu bringen, ihre eigenen Töpfe zu zerschlagen*

In Bremen, wo es ihn nun wieder hinzog, lernte Eulenspiegel den Bischof kennen. Dieser hatte einst von den in Steinform ausgestreuten Schälken gehört und laut darüber gelacht. Das sei ein Bube nach seinem Geschmack! Wo sei dieser Eulenspiegel jetzt? Er müsse ihn unbedingt kennenlernen. Seither hatte Eulenspiegel immer wieder mit dem lustigen Bischof zu tun gehabt. Dieser liebte alles, was abwich von der Norm. Oft spielten sie den Gemeindemitgliedern gemeinsam einen Streich, woran sie wochenlang Freude hatten. Die Freundschaft ging so weit, dass Till des Bischofs Pferd benutzen durfte.

Eines Tages verkündete Till dem Bischof, er sei des Narrenlebens müde und wolle lieber in die Kirche gehen, so wie es sich für einen Christenmenschen gehöre.

Des Bischofs donnerndes Gelächter füllte den Raum.

»In die Kirche!«, rief er. »Das ist ja das Tollste, was ich von dir je gehört habe.«

»Es ist mein Ernst.«

»Hahaha …«

Und so ging es den halben Tag. Till fing immer wieder von vorne an, ihn verlange es nach Gottes Hand. So, so, spottete der Bischof, nach seiner Hand also, da müsse er sich aber sehr weit strecken, um so weit nach oben zu reichen. Nach einer Weile kam es Till fast so vor, als meinte er es ernst mit seinem Bekenntnis, so sehr reizten ihn die ungläubigen Scherze des Bischofs zur Gegenwehr.

Also trat er den Beweis an und begann zu beten. Er war darin nicht sehr geübt und sprach die Hälfte der Gebete falsch. Der Bischof war rot im Gesicht vom vielen Lachen. Er imitierte Tills unsichere Körperhaltung und verglich ihn mit einem Eichhörnchen, das Nüsse knabbert. Genau so sitze er da, haha! Ein Anblick für Götter. Till bat den Bischof, ihn in Ruhe Andacht halten zu lassen, er komme seinem Herrn immer näher, das fühle er. Der Bischof schlug sich auf die Schenkel und brüllte vor Begeisterung. Erst am Nachmittag ließ er Till in Ruhe, da er Geschäftliches zu erledigen hatte. Ein sterbenskranker Rechtsgelehrter musste besucht und ein neues Armenhospital eingeweiht werden. Dies waren ernste Angelegenheiten. Der Bischof musste sich zusammenreißen, um nicht dauernd an den neuerdings vom Glauben befallenen Eulenspiegel zu denken, denn dann kam ihn das Gelächter mit teuflischer Heftigkeit an.

Unschlüssig ging Till derweil in der Stadt spazieren. Es war eine seltsame Nische, in die er sich da verrannt hatte. Es hatte als Spaß begonnen, aber jetzt konnte er nicht mehr zurück. Merkwürdig, wie es manchmal lief zwischen Menschen. Solche Gedanken wälzend, erreichte er den Markt. Dort fiel ihm eine Frau auf, die Töpfe verkaufte.

Er ging zu ihr und fragte sie, was sie für alle ihre Töpfe haben wolle. Sie nannte den Preis.

»Gut, ich kaufe alle.«

Die Frau war hocherfreut und wollte einen Weg finden, die Töpfe zusammenzustecken, damit sie leichter transportiert werden konnten.

»Nein«, hielt sie Till zurück. »Ich will sie gar nicht mitnehmen. Lasst sie hier stehen.«

Er reichte ihr das Geld.

»Ja, aber Herr«, sagte die Frau. »Ich kann sie nicht behalten, wenn Ihr sie bezahlt.«

»Das verlange ich ja nicht von Euch. Ihr sollt sie zerschlagen, wenn ich Euch ein Zeichen gebe.«

»Zerschlagen?«

»Jawohl.«

»Aber Herr, es sind so schöne Töpfe! Mein Mann hat sie gefertigt.«

»Das ist wahr, gute Frau, es sind außerordentlich hübsche Töpfe. Aber ich habe sie gekauft, und jetzt sind es meine. Ich kann damit tun, was ich will.«

Das sah die Frau ein.

»Also auf mein Zeichen«, sagte Till.

Und er zeigte es ihr vor.

»Na, Bruder Eulenspiegel«, sagte der Bischof, als er Till einige Stunden später wieder begegnete, »immer noch vom Allerhöchsten besessen?«

»Du weißt ja, wie das ist«, antwortete Till. »Wenn er einmal in dein Leben tritt, richtet er sich wohnlich darin ein.«

Der Bischof lachte.

»Ich habe heute einen sterben sehen«, sagte er. »Der hatte auch bis zuletzt Gott auf seinen Lippen.«

»Übrigens«, sagte Till. »Ich glaube, ich bin mit meiner Suche nach Gott schon fast am Ziel. Denn heute, als ich in der Kirche war, hat er mich innerlich berührt. Und mich eine Kunst gelehrt, mit der ich andere Menschen tun lassen kann, was ich will. Jeder kann diese Kunst erlernen.«

»Welche Kunst denn? Etwa wie man Kieselsteine in Dummköpfe verwandelt?«

»Nein«, sagte Till. »Komm mit mir auf den Markt. Dort sitzt eine Frau mit irdenen Töpfen.«

»Ja, die kenne ich. Feistes Weib.«

»Eben die. Ich wette mit dir, dass ich sie aus der Ferne, ohne mit ihr zu sprechen, dazu bringen kann, dass sie alle ihre Töpfe zerschlägt.«

Der Bischof machte große Augen.

»Ha, das würde ich gern sehen! Wie viel wollen wir wetten?«

»Dreißig Gulden?«

»Abgemacht.«

Er drückte Till die Hand.

Die Sonne begann gerade unterzugehen. Auf dem Marktplatz waren nicht mehr viele Menschen zu sehen. Till zeigte dem Bischof die Frau. Sie schaute zu ihnen herüber.

Till stellte sich hin und tat so, als erhebe er einen unsichtbaren Stock.

Da bewegte sich die Frau in ganz ähnlicher Weise. Bloß dass sie tatsächlich einen Stock in der Hand hielt. Es war nicht eigentlich ein Stock, sondern ein dicker Holzprügel. Den ließ sie auf ihre Töpfe niedersausen. Einer nach dem anderen zersprang. Scherben spritzten auf den Boden. Dem Bischof entkam ein überraschtes »Ho!«. Einige Leute drehten sich nach dem Krach um. Man lachte, man zeigte mit dem Finger. Diese Frau war offenbar verrückt geworden. Dergleichen kam natürlich vor, auch in Bremen.

Als sie zuhause ankamen, lag der Bischof Till in den Ohren, er solle ihm das Geheimnis dieser Zauberkunst verraten. Er gebe ihm alles, was er wolle. Solche Fernwirkungskunststücke auszuführen, davon habe er sein ganzes Leben geträumt! Im Grunde sei er ja allein deshalb Bischof geworden. Wo habe er das erlernt? Doch nicht wirklich in der Kirche? Hatte wirklich Gott etwas mit der Sache zu tun? Es sehe ihm doch mehr nach der Schwarzen Kunst aus. Über die höre man die ausgefallensten Sachen.

»Nun gut«, sagte Till. »Ich verrate dir die Kunst. Aber ich will einen fetten Ochsen von dir dafür.«

Dieser Preis erschien dem Bischof lächerlich gering. Er würde endlich die Kunst erlernen, auf Menschen einzuwirken! Wer hätte gedacht, dass dieser erfreuliche und unterhaltsame Narrenmensch sich als so nützlich erweisen würde?

»Zuerst bin ich zu ihr gegangen«, sagte Till.

»Zu wem?«

»Zu der Frau mit den Töpfen. Heute Nachmittag. Ich war gar nicht in der Kirche.«

»Wusste ich's doch!«, rief der Bischof begeistert. »Also doch die Schwarze Kunst?«

»Nein«, sagte Till. »Ich ging zu ihr und fragte sie, wie viel sie für alle ihre Töpfe haben möchte. Sie nannte den Preis. Den bezahlte ich ihr. Und dann verabredete ich mit ihr ein Zeichen, zu dem sie ihre, das heißt: meine Töpfe zerschlagen soll. So einfach war es.«

Des Bischofs Mund stand offen.

»Teufel!«, rief er. »Nein. Nein, das ist es nicht, oder? Du nimmst mich auf den Arm! Sag, dass du mich auf den Arm nimmst. Das ist nicht des Rätsels Lösung!«

»Doch.«

»Ach, dass dich das Fieber packt, du …«

Dann musste der Bischof lachen.

»Den Ochsen hast du dir verdient, du Bube«, sagte er.

Nachdem Eulenspiegel abgereist war, saß der Bischof eines Tages mit seinen Rittern und Knechten zusammen. Auch einige mit ihm befreundete Theologen waren dabei. Man trank, man erzählte Geschichten. Aber der Bischof begann sich zu langweilen. Seit dieser Eulenspiegel nicht mehr da war, kam ihm das Leben in dieser Stadt eintönig und grau vor.

»Hört her«, sagte der Bischof. »Versteht sich von euch jemand auf die Kunst, Menschen aus der Ferne zu Taten zu veranlassen, die sie von allein niemals ausführen würden?«

»Wie meinst du?«, fragte einer. »Durch Briefe …?«

»Nein, ich meine so, durch eine Handbewegung oder …«

»Also Magie?«, fragte ein Theologe.

»Na ja, nicht direkt Magie. Einfach eine Fernwirkung. Ich beherrsche diese Kunst seit Neuestem. Ich habe sie von Gott. Aber jeder kann sie erlernen, sie ist ganz einfach.«

»Von Gott?«, fragte der Theologe. »Wie soll das denn gehen? Gott spricht doch nicht mit uns.«

»Mit mir schon.«

»Er ist immerhin der Bischof«, merkte einer der Ritter an.

»Pffff«, machte der Theologe.

Der Bischof vereinbarte mit seinem Gefolge, sich mit ihm am nächsten Morgen auf dem Marktplatz zu treffen. Er gehe jetzt in die Kirche. Darauf machte er sich auf den Weg zum Markt, wo er die Frau antraf. Er fragte sie, wie viel sie für alle Töpfe haben wolle.

»Alle?«, fragte sie.

»Ja«, sagte der Bischof.

Die Frau erinnerte sich, den Bischof zusammen mit dem sonderbaren Herrn gesehen zu haben, der sie damals dazu überredet hatte, ihre Töpfe gegen Geld zu zerschlagen.

Sie nannte den doppelten Preis.

»Huh«, sagte der Bischof. »Seid Ihr sicher? Es stehen gar nicht mehr so viele Töpfe hier.«

»Das ist der Preis«, sagte die Frau.

Der Bischof bezahlte und vereinbarte dasselbe Schauspiel.

»Warum wollt Ihr alle von mir, dass ich meine Töpfe zerschlage?«, fragte die Frau. »Natürlich, Ihr bezahlt und es sind Eure, ich stelle das nicht in Frage. Aber …«

»Es hat seine Gründe«, antwortete der Bischof. »Aber sie sind zu verwickelt, um sie Euch auseinanderzusetzen. Es hat unter anderem mit Gott zu tun.«

»Mit Gott?«

»Jawohl.«

»Aber warum will Gott, dass ich meine, ich meine, Eure Töpfe …«

Der Bischof ignorierte die Fragen der Frau und führte ihr die Handbewegung vor, auf die sie achten solle. Sie zuckte mit den Schultern und nickte. Jaja, sie habe schon begriffen. Dasselbe wie damals.

Am nächsten Morgen fanden sich alle ein. Als die Wetteinsätze vereinbart wurden, nannten die Theologen die höchsten Summen. Ich werde den fetten Ochsen zurückgewinnen, dachte der Bischof.

Es lief ab wie beim ersten Mal. Der Bischof machte das vereinbarte Zeichen, eine rückwärts ausgeführte Segnungsgeste, und die Frau begann damit, die Töpfe zu zerschlagen. Sie ging ein klein wenig zaghafter und weniger herzlich dabei vor, fiel dem Bischof auf, aber die anderen hatten ja keine Vergleichsmöglichkeit und waren, soweit er das sehen konnte, ehrlich erstaunt. Besonders die Theologen schauten entsetzt. Ihren leicht geröteten Gesichtern konnte man ansehen, dass sich fingerbreite Risse durch ihr Weltbild zogen.

Nach der geglückten Vorführung seiner Fernwirkungskunst kehrten sie in das Domizil des Bischofs zurück. Das Geschnatter war groß, jeder wollte wissen, wie das zugegangen war. Die Theologen waren kleinlaut geworden und murmelten leise Gebete. Die Ritter wollten wissen, ob sich diese bemerkenswerte Fähigkeit auch in der Schlacht einsetzen ließe.

»Liebe Freunde«, verkündete der Bischof. »Ich will euch gern erzählen, wie ich dieses Kunststück vollbracht habe.«

Alles hielt den Atem an.

»Also, zuerst ging ich zu der Frau und fragte sie, wie viel sie für alle ihre Töpfe haben will.«

Und er erklärte ihnen alles genau so, wie es sich zugetragen hatte. Während er sprach, wurden die Gesichter länger. Aus manchen wich die Farbe, in manche kehrte sie, nach jahrelanger Abwesenheit, munter zurück. Ein Theologe schien den Tränen nah.

Am Ende standen sie alle da, als hätte man ihnen die Flügel ausgerissen.

Sie flehten den Bischof an, ihnen doch die Wahrheit zu sagen. Sie hätten ihre Wettschuld bezahlt, also hätten sie auch ein Anrecht auf die Erklärung dieser Kunst.

»Die hab ich euch doch gerade gegeben.«

»Ich mag diesen Ort nicht«, sagte ein Theologe mehr zu sich als zu den anderen. Ob er damit die Stadt Bremen oder die Erde im Allgemeinen meinte, blieb offen.

»Ich glaube nicht, dass ich dieses Verfahren im Kampf anwenden kann«, sagte ein Ritter. »Ich möchte lieber wissen, wie eine solche Wirkung ohne Geld und Bestechung zu erreichen ist.«

»Das musst du schon den Herrgott fragen«, sagte der Bischof.

»Pffff«, machte der Theologe.

»Diese Kunst habe ich in der Tat nicht von Gott, sondern von Eulenspiegel gelernt«, sagte der Bischof.

## *Till und der Klang des Geldes*

In Köln fand Eulenspiegel bei einem Wirt Herberge, der ein bemerkenswert langsamer Mensch war. Nichts erledigte er auf raschem oder auch nur gewöhnlichem Wege. Er trödelte sogar beim Stottern. Oft bekam er einen Satz minutenlang nicht heraus, gab es schließlich ganz auf und sagte etwas anderes.

Eines Tages war es mit der Langsamkeit so weit gekommen, dass das Mittagsmahl, ein Schweinsbraten, nicht bis zum späten Nachmittag fertig werden wollte. Till schlich mit knurrendem Magen herum und fragte, wann es denn endlich so weit sei.

»Wer nicht warten kann, soll essen, was er hat«, sagte der Wirt ungeduldig. Nichts ärgerte ihn so sehr wie jemand, der ihn antrieb.

Till wanderte in der Stube hin und her und versuchte, nicht an seinen Hunger zu denken. Aber es fiel ihm nichts anderes ein. Essen. Essen. Er hatte schon länger nichts Ordentliches mehr zu sich genommen. Schließlich stahl er eine Semmel aus dem Vorrat des Wirtes und schlang sie gierig hinunter. Er spürte, wie sich sein Magen um diese kleine Gabe schloss und unverzüglich mit ihr zu arbeiten begann. Es war nicht viel, aber für den Augenblick war ihm etwas leichter.

Als endlich der Braten aufgetragen wurde, blieb Till in einem seltsam gelösten Zustand, begleitet von raschem Herzschlag und einer rauen, trockenen Gesichtshitze, in der Küche stehen. Die anderen Gäste setzten sich an den Tisch.

»He«, sagte der Wirt. »Willst du nicht mit uns essen? Vorhin hast du gejammert, dass du ein Loch im Bauch hast.«

»Nein«, antwortete Till. »Ich bin vom Geruch des Bratens satt geworden. Ich esse nicht mit euch.«

Till setzte sich ans Ofenfeuer und rollte seinen Kopf hin und her. Er spürte zwar noch den Hunger in seinen Eingeweiden, aber etwas hatte sich in ihm verschoben. Er fühlte sich rund und vollständig, wie ein kleiner Mond.

»He, du«, sagte der Wirt, nachdem alle Gäste gegangen waren. »Das macht zwei Weißpfennige.«

Till schaute zu ihm auf.

»Für was?«, fragte er.

»Für den Braten.«

»Den hab ich doch gar nicht gegessen.«

»Das weiß ich. Aber du hättest dich beteiligen können. Es war für dich ein Platz und ein Stück reserviert. Das hat jetzt jemand anders gegessen, ihm soll's wohl bekommen. Aber du musst zahlen, denn ich hab jenem, der dein Stück verzehrt hat, nicht den doppelten Preis berechnet. Zwei Weißpfennige.«

Till betrachtete seine Handfläche. Auf ihr geschah nichts, und trotzdem war sie interessant. War sie ein wenig gewachsen? Nein, das konnte nicht sein. Aber hell war sie, der rötliche Widerschein des Feuers lag auf ihr.

Der Wirt stand vor ihm und deutete durch seine Körperhaltung an, dass er nicht gewillt sei, die Sache auf sich beruhen zu lassen. Er wollte seine Zeche.

Till zog zwei Pfennige aus seiner Tasche und ließ einen auf den Tisch fallen.

»Hörst du das?«, fragte er den Wirt.

»Was?«

»Den Klang, den das Geld macht.«

Er wiederholte es.

»Ja, natürlich, ich hab schließlich Ohren.«

»Gut«, sagte Till. »Und diesen hier?«

Er ließ den zweiten Pfennig aufspringen. Er war ein wenig leiser.

»Ja«, knurrte der Wirt. »Was willst du mir damit sagen?«

»So wie ich vom Geruch des Bratens satt geworden bin, so bist du vom Klang des Geldes bezahlt worden.«

Und er steckte die Pfennige zurück in seine Tasche.

Der Wirt legte das Zahlbrett auf die Seite und deutete an, seinem Gast eine Ohrfeige verpassen zu wollen. Oder einen Schlag mit der Faust.

»Her mit den Weißpfennigen!«

»Ich hab dir den Klang der Pfennige gegeben. Ich kann auch noch ein Trinkgeld drauflegen, wenn du willst.«

»Du Halunke!«

»Gut, dann gehen wir vors Gericht«, sagte Till und stand auf. »Die werden's gewiss regeln. Es sind lauter prächtige Herren. Sie kennen alles, was auf der Welt geschieht. Einen Fall wie unseren werden sie zu beurteilen wissen.«

Die Erwähnung des Gerichts besänftigte den Wirt ein wenig. Er knurrte, das sei nicht nötig. Till solle seine Sachen packen und verschwinden.

»Ich kenne ja deine Schliche, Eulenspiegel«, sagte er.

»Immerhin hab ich dich von deiner Langsamkeit geheilt«, sagte Till.

»Wie?«

»Sieh nur, wie eilig du es hattest, mir das Geld abzunehmen. So hab ich dich noch nie erlebt.«

»Raus aus meinem Haus.«

Aber Till ließ sich Zeit. Zuerst ruhte er noch ein wenig vor dem langsam erkaltenden Feuer aus, und dann verzog er sich auf sein Zimmer, wo er seine Sachen zusammensammelte. Wieder einmal ging es hinaus ins Freie. Er würde in Köln gewiss eine neue Herberge finden für die Nacht. Interessanterweise war der Hunger verschwunden. An seiner Stelle glühte ein neutrales, inneres Licht. Für einen kurzen Moment schien es ihm, als könnte dieses Licht seine Handflächen durchsichtig machen. Er hielt sie sich wie Brillengläser vor die Augen und tat so, als könnte er hindurchsehen. Möglich, dass ich meinen Verstand verliere, dachte er und lachte.

## *Wie Till einem Schoßhund das Fell abzog*

In seiner nächsten Herberge erging es Till zunächst recht gut. Niemand ging ihm auf die Nerven, niemand reizte seinen Einfallsreichtum, alles war ruhig. Er aß zu Abend mit seiner Wirtin. Nun war die Sache allerdings die, dass die Wirtin einen kleinen Schoßhund besaß, den sie sehr liebte. Dauernd kam ihm der Hund vors Angesicht – und mit ihm die Tierliebe der Wirtin. Der Hund hockte auf ihrem Schoß und ließ die Zunge heraushängen, sodass es aussah, als würde er lachen. Er lacht über mich, dachte Till. Natürlich tut er das. Denn nicht ich sitze auf dem Schoß der dreckigen Sau, sondern er.

Visionen plagten ihn. Er sah die Wirtin und den Hund im selben Bett schlafen, dabei geschahen schreckliche Dinge, er dachte den ganzen Tag daran.

Eulenspiegel saß am Feuer und trank Bier aus der Kanne. Um die Wirtin zu reizen, ließ er es aus seinen Mundwinkeln auf den Tisch laufen. Sie stand auf und wischte die verschüttete Flüssigkeit weg. Dann tat die Frau etwas Ungeheuerliches! Sie gab dem Hund ein wenig von ihrem Bier. Till verlor fast den Verstand, als er das sah. Er stand auf und wollte weglaufen. Aber dann setzte er sich wieder hin, starrte die Wirtin an und sagte:

»Ihr habt ihn gern, nicht wahr?«

»Oh ja«, sagte die Wirtin.

Der Hund, der bemerkte, dass seine Herrin mit diesem Menschen in einem freundlich verständigen Ton sprach, wackelte auf Eulenspiegel zu. Leute, die in dieser Tonhöhe angesprochen wurden, waren Freunde. Von ihnen kamen Geschenke und Leckerbissen.

»Er möchte auch einen Schluck von Eurem Bier haben«, sagte die Wirtin.

Till blickte in seine Kanne.

Er holte Luft, hielt sie in der Lunge, atmete aus. Er sah die Möglichkeit vor sich, dem Hund einmal über den Kopf zu streicheln und die Bitte der Wirtin zu ignorieren. Er musste dem Hund nichts abgeben, wenn ihm dieser Gedanke ekelhaft war. Niemand zwang ihn dazu.

Seine Hand war schon auf halbem Wege zu der ihm zugekehrten Stirn des Hündchens, da ließ er sie sinken.

»Aber natürlich«, sagte er und hatte Mühe, das Stimmflackern in seiner Kehle zu unterdrücken. »Ich geb ihm was.«

Er schüttete den Rest seines Biers in die Schüssel des Hündchens, das sich sofort darüber hermachte.

»Ihr seid lieb«, sagte die Wirtin.

Als die Wirtin schlafen gehen wollte, verlangte Till die Rechnung für Speise und Trank. Während die Wirtin zusammenrechnete, fragte er:

»Sagt, gute Frau, wie pflegt Ihr zu verfahren, wenn ein Gast Euer Fleisch isst und Euer Bier trinkt, aber kein Geld hat, um seine Zeche zu bezahlen? Schreibt Ihr sie an?«

Die Wirtin richtete sich auf, dachte nach und sagte:

»Nein, Herr, ich schreibe niemals an. Man muss mir Geld geben oder zumindest ein Pfand.«

Eulenspiegel lachte und sagte: »Das ist klug von Euch. Hier ist das Geld.«

Die Wirtin wunderte sich ein wenig über die Frage ihres Gastes. Na ja, die Menschen waren seltsam. Er starrte sie auch dauernd so intensiv an.

Aber die Frau beschloss, keine Angst vor ihm zu haben und ins

Bett zu gehen. Der Hund hatte sich in einen Korb in der Gaststube gelegt. Seine Augen waren geschlossen.

Sobald die Wirtin aus der Gaststube war, ging Till zu dem Hund.

»Na, du«, sagte er und beugte sich zu ihm hinunter.

Das Tier hob die Schnauze und leckte ihm zur Begrüßung die Hände. Till hob ihn hoch und nahm ihn mit in die Scheune. Dort bellte der Hund zweimal leise. Aber bevor er ein drittes Mal bellen konnte, hatte er die kräftigen Hände Eulenspiegels an der Kehle. Er versuchte freizukommen, wand sich und zappelte, biss verzweifelt ins Leere, japste und keuchte. Dann wurde er schwächer, hing in Eulenspiegels zusammengekrampften Händen und wehrte sich nicht mehr. Till zog ein Messer und begann, dem Hund das Fell abzuziehen. Nun stellte sich heraus, dass der Hund noch nicht vollständig tot gewesen war. Die Strangulation hatte ihn nur das Bewusstsein verlieren lassen. Er erwachte bei den ersten Schnitten in seinen Nacken. Rötlicher Schaum trat aus seinem Maul, und er wand sich und biss zweimal zur Seite.

»Ich bin stärker als du, ich bin stärker als du, ich bin stärker als du«, zischte Till. »Du kleiner Säufer.«

Der Kopf des Hundes landete auf dem Scheunenboden. Die Blutlache war groß. Wer hätte gedacht, dass so viel Blut in so ein kleines Tier passte? Es war eine ordentliche Schweinerei, aber am Ende, nach einer halben Stunde konzentrierter Arbeit, hatte er das Fell des Hundes in der Hand. Mit etwas Fantasie sah es wie ein Jäckchen aus. Till spielte damit, legte es seinem Arm wie eine fürstliche Robe um und lachte.

Dann kehrte er in die Herberge zurück. Er setzte sich in der Gaststube an einen Tisch und wartete dort, hin und wieder von heftigem Gekicher geschüttelt, auf den Anbruch des Morgens. Zum Schlafen war er viel zu aufgeregt. Etwas Musik wäre jetzt nicht schlecht, dachte er. Und er pfiff.

Manchmal nickte er fast ein, aber dann schreckte er jedes Mal hoch und sah das blutige Fell neben sich auf dem Tisch. Er ließ ein paar Bluttropfen davon in die Schüssel des Hundes fallen.

Als die Wirtin am Morgen kam, fand sie den Hund nirgends und rief nach ihm. Sie bemerkte Till in der Gaststube. Er machte einen verwirrten Eindruck auf sie, saß vornübergebeugt und schien sich mit einem schmutzigen Klumpen zu amüsieren, der in seinem Schoß lag.

»Wirtin!«, rief er, als er sie in die Stube kommen sah.

»Guten Morgen«, sagte die Frau. »Habt Ihr meinen Kleinen gesehen?«

»Nun ja«, sagte Eulenspiegel. »Ich schulde Euch noch etwas. Wegen gestern.«

»Gestern? Was schuldet Ihr mir?«

»Das Bier«, erklärte Till. »Es ist doch so, wie Ihr sagt: Wer bei Euch Bier trinkt, aber kein Geld hat, muss zumindest ein Pfand hinterlassen. Angeschrieben wird nicht.«

Die Wirtin nickte.

»Ihr hattet gestern einen Gast. Dieser hat nicht bezahlt. Aber ich habe seinen allerbesten Rock, den ich Euch als Pfand geben kann. Hier ist er.«

Eulenspiegel kam auf sie zu und hielt ihr den schmutzigen Klumpen hin. Es tropfte auf den Boden. Die Wirtin schrie, als sie erkannte, was es war.

»Oh Gott! Warum … Was habt Ihr getan?«

»Das ist sein bester Rock, Wirtin«, wiederholte Till mit einem Lachen und hielt ihr das Fell direkt vors Gesicht. »Seht es Euch an. Was ist, nehmt Ihr es als Pfand an?«

Die Frau schrie, er solle das Haus verlassen. Als Eulenspiegel sich ihr näherte, schlug sie nach ihm.

»Es ist Eure eigene Schuld, Wirtin«, sagte Till. »Ihr habt mir gesagt, ich soll dem Hund einen Schluck zu trinken geben. Ihr habt es selbst gesagt! Quod erat, Wirtin. Quod erat.«

»Ihr seid verrückt! Raus!«

Till ging rückwärts Richtung Tür. Ja, er würde das Haus verlassen. Aber vorher wollte er noch etwas Wichtiges loswerden:

»Dieses Pfand ist sicher mehr wert als ein Krug Bier«, sagte er. »Immerhin war es sein bester Rock. Ein einzigartiger Rock. Er ist gewiss viel, viel Bier wert. Behaltet das Pfand, bis ich wiederkomme. Ungebeten werde ich eines Tages wieder hier auftauchen, dessen seid versichert, gute Wirtin. Dann hab ich einiges bei Euch gut.«

Tags darauf kam Eulenspiegel tatsächlich wieder. Er trug andere Kleider und einen Hut. Außerdem hatte er sich rasieren lassen. Man erkannte ihn bestimmt nicht auf den ersten Blick. Die Wirtin war zuhause. Till sah einen großen Leiterwagen im Hof der Herberge stehen. Männer trugen Waren ins Haus. Er entdeckte die Wirtin im Hauseingang. Sie schien bleich, zittrig. Sie hielt ein Tuch vor ihr Gesicht.

Eulenspiegel kletterte auf eines der Wagenräder und wartete.

»Guten Tag«, grüßte ihn die Frau.

Wie verändert ihre Stimme klingt, stellte Eulenspiegel beeindruckt fest. So viel tiefer. So musste es sein, magische Kräfte zu besitzen!

»He da, gute Frau!«, sagte Till. »Habt Ihr von dem Eulenspiegel gehört, der bei Euch gewohnt hat?«

Die Frau erstarrte. Sie blickte auf ihre Hände.

»Ja«, sagte sie. »Eine Bestie. Was ist mit ihm?«

»Ihr habt recht«, sagte Till. »Eine wahre Bestie. Jetzt ist es endlich gelungen, ihn an den Ort zu befördern, wo er hingehört.«

Die Wirtin blickte ihn an:

»Wohin?«, fragte sie. Es war nur ein Hauch, kein Stimmton lag in dem Wort.

»Er befindet sich auf dem Rad«, sagte Till.

Die Frau atmete aus und begann zu weinen.

»Das ist gut«, schluchzte sie. »Auf dem Rad. Ja, da gehört er hin. Ich hoffe, sie brechen ihm alle Glieder und drehen ihn im Kreis, sodass er ordentlich zu leiden hat.«

»Ja, das wünschen sich wohl alle«, erwiderte Till.

Und dann riss er sich den Hut vom Kopf und gab sich zu erkennen.

»Hier bin ich auf dem Rad!«, rief er. »Und meine Knochen sind noch heil, du alte Sau! Hahaha!«

Die Wirtin schrie um Hilfe. Ein Knecht kam herbeigelaufen. Vier Männer verfolgten Till und jagten ihn aus dem Hof der Herberge. Nach einer Weile hatte er sie abgehängt und rannte durch die morgendlichen Straßen, ein dumpfes Rauschen im Ohr. Endlich Freiheit, dachte er wie so oft, endlich wieder Freiheit.

## *Till und die Blinden*

Das Gefühl von Freiheit währte nicht lange. Denn schon ein paar Tage später kamen Till auf der Landstraße zwölf Blinde entgegen. Mit fünf hätte er vielleicht noch umgehen können, aber zwölf! Er ritt zu ihnen und blieb vor ihnen stehen. Einige von ihnen hatten vollkommen leere Augenhöhlen. Es juckte ihn sehr, ihnen Kieselsteine von geeigneter Größe in die Höhlen zu drücken.

»He da, wo kommt ihr her?«, rief er.

Die Blinden blieben stehen. Da Till auf dem Pferd saß und seine Stimme von oben kam, hielten sie ihn für einen ehrbaren Mann.

»Herr Junker«, sagte einer der Blinden. »Wir kommen gerade aus der Stadt. Da gab es eine Seelenmesse für einen reichen Mann. Wir haben …«

»Ihr habt Almosen entgegengenommen«, ergänzte Till im Ton eines Junkers.

»Ja, Herr.«

Till stieg ab.

»Euch ist kalt?«, fragte er.

»Ja, Herr, sehr. Aber wir gehen so dahin.« Der Blinde deutete auf die Stäbe, die sie gemeinsam hielten, sodass sie einander nicht verloren.

»Das geht doch nicht, dass ihr hier erfriert«, sagte Till. »Hier sind zwölf Gulden.«

Er nahm ein paar Münzen aus der Tasche und ließ sie, gut hörbar für alle, in seinen Handflächen klimpern.

»Davon kauft euch Herberge und Kost für eine Nacht.«

Die Blinden dachten, er habe das Geld einem von ihnen übergeben. Sie zogen ihre Kappen, bedankten sich bei ihm und segneten ihn.

Frisch gesegnet ritt Till davon. So ein Segen fühlte sich gut an. Vor allem wenn er von einem blinden Menschen gespendet wurde. Ich hätte doch einem von ihnen die Augenhöhlen vollstopfen sollen, dachte er. Zumindest mit Erde.

In der Stadt angekommen, trieb sich Till den Rest des Tages in Wirtshäusern herum und vertrank die zwölf Gulden.

Am nächsten Mittag saß er mit ein paar Handwerkern zu Tisch. Käse und Wurst machten die Runde, jeder schnitt sich etwas ab. Dazu gab es Bier.

Nach einer Weile erwähnte einer der Handwerker lachend, dass sein Nachbar, der eine Herberge betreibe, letzte Nacht einen Haufen jämmerlich schreiender Blinder in seinen Schweinestall gesperrt hatte.

Till bat ihn, das zu wiederholen.

»Ja«, lachte der Mann. »Er hat sie eingesperrt, und jetzt brüllen sie. Natürlich will niemand mit ihnen zu tun haben. Man kann sich die Augen verderben, wenn sie einen berühren oder ansehen.«

»Wie sollen sie dich denn ansehen, wenn sie blind sind?«, fragte ein anderer.

»Sie haben doch den Blick«, sagte der Mann. »So heißt es doch immer. Sie sehen die Seele oder so irgendwie.«

»Aber weshalb hat er sie eingesperrt?«, fragte Till.

»Weil sie die Zeche nicht bezahlen konnten. Dummer Mensch, mein Nachbar. Nimmt einen Haufen blinder Bettler auf! Sie wollten wohl eine Bleibe für die Nacht. Kann man auch verstehen, bei der Kälte.«

Man stimmte ihm zu.

»Gegessen haben sie und dann auch ein Lager bekommen. Aber wie's ans Begleichen der Schuld ging, wollten sic sich wohl verdrücken. Da hat er sie eingesperrt.«

»Recht so«, sagte ein uraltes Männlein. »Von solchem Pack soll man sich nichts gefallen lassen.«

Till blieb noch eine Stunde mit den Männern sitzen und stellte sich die Blinden im Schweinestall vor. Das Gespräch drehte sich längst um andere Dinge.

Danach legte Till die Kleidung eines vornehmen Herrn an und suchte jene Herberge auf, die dem Nachbarn des Handwerkers gehörte. Es war eine ärmliche Herberge, schmutzig und zugig. Er sah den Schweinestall und lief einmal um ihn herum. Es war ein niedriges Gebäude mit winzigen Fenstern, die geschwärzt waren, sodass man nicht hineinblicken konnte.
Till wartete, ob Geschrei zu hören war, aber nein, es war alles still. Bestimmt hatten sie inzwischen aufgegeben, um Hilfe zu rufen.

Er band sein Pferd an und betrat die Herberge. Der Wirt saß am Tisch.

»He, Wirt«, sagte er. »Weißt du, wer ich bin?«

»Nein, Herr«, antwortete der Wirt.

Man sah ihm an, dass ihm ähnlich angriffslustige Fragen schon viele Male gestellt worden waren und dass es in den meisten Fällen nicht gut für ihn ausgegangen war.

»Sag mir, weshalb hältst du Blinde in deinem Schweinestall?«

»Herr«, sagte der Wirt und schaute ängstlich zu Till empor. »Ich bin im Recht. Sie haben Kost und Herberge genossen, konnten aber nicht bezahlen. Ich gebe ihnen nur, was ihnen gebührt.«

»So«, sagte Till. »Haben sie denn keinen Bürgen gefunden?«

Der Wirt dachte über diese Worte nach. Dann machte er ein ratloses Gesicht und sagte:

»Es sind doch Blinde, Herr.«

»Was meinst du damit?«

»Ich wollte sagen, wenn sie einen Blinden, ich meine, einen Bürgen hätten, dann hätte ich sie natürlich ziehen lassen. Wer will schon Blinde in seinem Stall halten, ohne Grund.«

Till blickte sich mit einer weltmännisch knappen und abschätzigen Kopfbewegung im Raum um, maß und begutachtete die Gegenstände und sagte schließlich:

»Das ist doch lächerlich. Ich hol dir einen Bürgen. Warte auf mich.«

»Selbstverständlich, Herr«, sagte der Wirt.

Beschwingt von diesem Gespräch begab sich Till, immer noch in derselben edlen Verkleidung, zum Pfarrer. Dieser war ein schwerhöriger, aber freundlicher und gutmütiger Mann.

»Lieber Herr Pfarrer«, sagte Till. »Ich habe einen guten Freund, der betreibt eine kleine, armselige Herberge. Er besitzt nicht viel auf der Welt, nur ein paar Schweine und eine Frau – nun ist ein großes Unglück über ihn gekommen. Ein böser Geist hat sich seiner bemächtigt. Man weiß nicht genau, wie sich das zugetragen hat. Möglicherweise hat er sich im Wald gegen den falschen Baum gelehnt, oder er hat am Sonntag die Krähen auf dem Feld belauscht, Ihr wisst schon, was ich meine.«

Der Pfarrer wusste es nicht. Aber da er schwerhörig war, dachte er, er habe vielleicht nicht alles verstanden, also nickte er.

»Ihr müsst mir helfen«, sagte Till. »Es ist ein Jammer, meinen Freund so zu sehen. Bitte, Ihr müsst ihm den bösen Geist austreiben.«

»Das will ich gern versuchen, mein Sohn«, sagte der Pfarrer. »Aber so etwas darf man nicht übereilt angehen. Ich werde morgen zu ihm gehen.«

Eulenspiegel dankte ihm.

»Dann gehe ich und gebe seiner Frau Bescheid. Sie wird kommen und alles mit Euch besprechen.«

»Ja, tu das«, sagte der Pfarrer.

Zurück beim Wirt, meldete Till, er habe einen Bürgen gefunden. »Wen?«, fragte der Wirt.

»Den Herrn Pfarrer natürlich«, antwortete Till.

Der Wirt nickte.

»Aber ich sehe, du bist gerade beschäftigt«, sagte Till. Der Wirt hielt einen Stiefel in der Hand. »Schick deine Frau mit mir, sie wird sich vom Pfarrer die Bestätigung holen.«

Ängstlich blickte der Wirt in Richtung seiner Frau. Von ihr war bislang noch gar nicht die Rede gewesen. Das lag daran, dass sie eine beinahe unsichtbare Person war, die in langen Jahren der Ehe gelernt hatte, sich selbst in eine Art Gerücht im Raum zu verwandeln. Gerade stopfte sie die am Rücken auseinanderklaffenden Hemden ihres Mannes.

Sie stand auf, und mit einem stummen Blick erteilte der Wirt seiner Ehefrau die Erlaubnis, den fremden Herrn zum Pfarrer zu begleiten.

Der Pfarrer war hocherfreut, die Frau zu sehen. Er liebte ja alle seine Gemeindemitglieder, aber eine, die mit einem von Dämonen befallenen Mann verheiratet war, hatte seine Fürsorge besonders verdient, fand er. Er küsste sie auf die Stirn. Das brachte die unsichtbare Frau ein wenig durcheinander, sie schien vergessen zu haben, weshalb sie hier war.

»Herr Pfarrer«, sagte Till. »Hier ist die Frau des Mannes, von dem ich Euch erzählt habe.«

»Ja, ja, gewiss«, sagte der Pfarrer.

Er legte seine Hand auf die Schulter der Frau.

»Sagt ihr, was Ihr mir vorhin versichert habt.«

»Es ist so, wie der Herr sagt«, erklärte der Pfarrer der Frau. »Ich werde kommen, und alles wird gut werden. Du wirst sehen.«

Ach ja, um das Geld ging es. Das von den Blinden. Bürgschaft übernehmen. Richtig. Es fiel der Frau nun alles wieder ein.

»Danke«, sagte sie leise.

»Einen Tag musst du noch warten«, sagte der Pfarrer. »Ich muss mich ein wenig sammeln. Aber dann werde ich zu euch kommen und tun, was in meiner Macht steht.«

»Wunderbar«, sagte Till. Er spürte, dass es notwendig wurde, des Pfarrers Redestrom abzuschneiden, da er sonst womöglich von Dämonen zu sprechen anfing.

Zurück in der Herberge erstattete die Frau ihrem Ehemann getreulich Bericht. Daraufhin durften die Blinden gehen. Schrecklich verdreckt und orientierungslos stapften sie auf der winterlichen Straße davon. Till blickte ihnen nach und wusste nicht, was er empfinden sollte. Er stellte sich vor, dass sie in diesem Augenblick von einem Blitz getroffen wurden, und lächelte.

Am nächsten Tag erschien der Pfarrer im Haus des Wirts. Dieser war gerade nicht da. Seine Frau empfing den Pfarrer und erhielt wieder einen Kuss auf die Stirn. Diesmal allerdings blieb dadurch die Zeit nicht stehen, denn ihr Mann hatte ihr aufgetragen, die zwölf Gulden in Empfang zu nehmen, man brauche den Betrag dringend.

»Ah, guter Pfarrer«, sagte die Frau. »Ihr bringt uns die zwölf Gulden.«

»Wie?«, fragte der Pfarrer.

Er hielt ein Säckchen Weihrauch und ein Kruzifix in Händen. Beides ließ er sinken.

»Hat dein Mann dir aufgetragen, das zu sagen?«, fragte er.

Sie gab es zu, obwohl sie nicht verstand, was daran falsch sein sollte.

»Das sind die Dämonen«, erklärte der Pfarrer in mildem Ton. »Du darfst nicht mehr darauf hören, was er sagt. Ich komme zurück, wenn er wieder da ist.«

Verdutzt sah ihm die Frau nach.

Dann setzte sie sich in ihren Winkel und wurde wieder unsichtbar.

»Er hat also nicht bezahlen wollen? Ha, ein schöner Pfarrer, ein feiner, ein hilfsbereiter Diener Gottes ist das!«, donnerte der Wirt, nachdem er den Bericht seiner Frau angehört hatte. »Sagt zuerst verbindlich zu, uns zu helfen, und faselt dann etwas von Dämonen. Lächerlich! Ich gehe zu ihm!«

Er blickte sich nach seiner Frau um. Warum war sie aus dem Zimmer gegangen? Aber dann entdeckte er sie, sie stand ja direkt vor ihm. Man übersah sie so leicht.

Mit Spieß und Hellebarde machte sich der Wirt durch den nachmittäglichen Schneefall auf zum Pfarrhof. Leute, die ihm entgegenkamen, schauten ihn erstaunt an. Er machte ein grimmiges Gesicht und schritt unbeirrt weiter.

Der Pfarrer sah ihn schon vom Fenster aus und ergriff die Flucht.

»Zu Hilfe!«, rief er. »Liebe Nachbarn, helft mir! Dieser Mensch ist besessen von Dämonen!«

Es kam zu einer kurzen Verfolgung.

»Bezahl mir die Zeche!«, schrie der Wirt.

Der Pfarrer versteckte sich hinter einem großen Schneehaufen. Er bekreuzigte sich immer wieder und rief alle Heiligen an, die ihm einfielen.

Endlich kamen ein paar Bauern des Weges, die den aufgebrachten Wirt überwältigten.

Das Ende der Angelegenheit war dies noch nicht. Es gab gar kein Ende. Denn bis heute, sofern sie nicht gestorben sind, belästigen die beiden Parteien einander in regelmäßigen Abständen mit ihren Forderungen: dem ausstehenden Geldbetrag einerseits und den noch immer nicht erfolgreich ausgetriebenen Dämonen andererseits. Von allen Streichen, die Till je gelungen waren, hielt dieser am längsten an, was Till allerdings niemals erfuhr, da er schon lange fort war und, wie die Geschichte zeigen wird, nie wieder an diesen Ort zurückkehren sollte.

## *Eulenspiegels Krankheit*

Auf dem Weg von Mariental nach Mölln wurde Till krank. Es war ein heftig zehrendes Fieber, das nicht aufhören wollte. Er ging zu einem Apotheker und bat um eine Arznei. Der Apotheker gab ihm ein starkes Abführmittel und ließ ihn in einem Zimmer übernachten. Till wurde mitten in der Nacht von wildem Rumoren in seinem Bauch geweckt. Es gab keine Leibschüssel. In der dunklen Apotheke stolperte er umher auf der Suche nach einem geeigneten Behältnis. Schließlich wählte er jenes, in dem das Abführmittel aufbewahrt wurde. So kehrt es wieder zurück zum Ursprung, dachte er und sah fiebriges Lichtflimmern vor seinen Augen. Am nächsten Morgen schimpfte der Apotheker mit ihm, aber Eulenspiegel verstand ihn nicht mehr, er lag wie tot da und bat im Delirium den Doktor Hirse von Giebichenstein um Verzeihung, er habe nur seine Pflicht getan.

Der Apotheker merkte, dass der Kranke zusammenhangloses Zeug redete, und brachte ihn in ein von alten Beginen geführtes Armenhospital. Die seltsam verhüllten Frauen schritten durch die Gänge, man hörte Stöhnen, Weinen und hie und da leisen Betgesang. Eulenspiegel wurde in ein Bett gelegt und hielt sich die halbe Nacht an der Wand fest, da er glaubte, seitlich wegzukippen in ein unheimliches, bodenloses Loch.

Als er am nächsten Morgen erwachte, sah er seine Mutter neben dem Bett sitzen. Ihr Gesicht war alt geworden, wahrhaft alt. Sie legte eine Hand auf seine Brust. Man habe nach ihr geschickt, sagte sie. Sie sei sofort aufgebrochen, um ihn zu sehen. Er sei ein reicher Mann geworden, habe sie gehört. Sie habe immer gewusst, dass es so mit ihm kommen werde.

Till stöhnte vor Schmerzen.

»Wo bist du krank?«, fragte die Mutter.

»Hier, zwischen Wand und Bettgestell.«

»Ach, Till, sei ernst«, sagte die alte Frau.

Aber Tills Gesicht war vollkommen ernst. Er atmete schwer.

»Wo bin ich?«, fragte er.

»Im Hospital zum Heiligen Geist«, sagte die Mutter.

»Der Heilige Geist. Ah. Ich wollte immer, dass er in mich kommt, der Heilige Geist. Aber jetzt bin ich in ihm. In seinem Bauch.« Er betastete die Wand.

»Ja, Till«, sagte die Mutter. »Es ist gut, dass du wieder Narrheiten machen kannst. So warst du immer. Aber du hast noch gar nichts Liebes gesagt. Sag mir doch ein liebes Wort.«

»Ein liebes Wort? Kätzchen. Das ist ein liebes Wort.«

Till redete durch zusammengebissene Zähne. Jedes Wort kostete ihn große Mühe. Die Schmerzen in seinem Bauch und in seinem Schädel waren unbeschreiblich. In seinem linken Auge fiel Schnee.

»Und dein Hab und Gut?«, fragte die Mutter. »Wirst du deiner alten Mutter etwas hinterlassen?«

»Wer nichts hat, dem … soll man etwas geben«, brachte Till heraus. Dann musste er ein paar Atemzüge nehmen. »Und wer etwas hat, dem soll man auch etwas geben. Wenn du etwas findest, was mir gehört, dann nimm es.«

Damit verlor er das Bewusstsein. Seine Mutter wurde weggeführt, obwohl sie sanft protestierte, da sie den letzten Satz nicht ganz verstanden hatte. Wo denn nun das Geld sei, wo? Ihr Sohn habe gesagt, es gehöre nun alles ihr, man solle es ihr doch zeigen.

Am nächsten Morgen sah Till den Schnee in beiden Augen. Ihm war kalt. In seinen Ohren krähte unaufhörlich ein ferner Hahn.

Eine alte Begine saß neben ihm. Sie erklärte ihm, er müsse seine Sünden bereuen, dann werde ihm der Tod leichter werden.

»Leicht«, sagte Till. »Er ist leider grün, der Tod. Ich schmeck's auf der Zunge.«

»Sagt mir, was Ihr bereut«, sagte die Begine sanft.

»Eines weiß ich«, sagte Till. »Ich habe früher, als ich noch jung war, oft Männer gesehen, denen der Rock unter dem Mantel hervorschaute. Das hat mich wütend gemacht. Ich hätte ihnen den Rock zuschneiden sollen. Mit einer Schere. Das bereue ich.«

»Gut«, sagte die Begine. »Aber ...«

»Und noch etwas«, sagte Till. »Ich bereue es, dass ich nie einem Mann, der sich die Zähne mit einem Messer reinigte, das Messer in den Hals gestoßen habe.«

Er lachte. Ein greller Schmerz flackerte hinter seinem Auge auf.

»Und noch etwas. Ich wollte, ich hätte bei Lebzeiten allen alten Frauen ... Hörst du? Allen alten Frauen die Ärsche zusammengenäht.« Er keuchte. Seine Finger krallten sich in die Bettdecke. »Denn sie sind zu nichts mehr nütze. Sie scheißen auf die Felder, wo das Obst wächst. Sie sollen platzen.«

»So«, sagte die alte Begine. »Und würdet Ihr das auch gern mit mir machen?«

»Ich wollte, ich könnt's«, keuchte Till.

Die Begine legte eine Hand auf seine Stirn.

»Ihr habt hohes Fieber. Ich hoffe, es tut Euch weh. Ich hoffe, Ihr sterbt unter großen Schmerzen. Dann möge Euch der Teufel in Empfang nehmen.«

Damit verließ sie ihn, und Till lachte, so gut es ging, unter seinen schweren Krämpfen.

## *Eulenspiegels Testament*

Ein Priester erschien. Er war ein hageres, wie mit Kohlestift gezeichnetes Männlein, dem die Brauen in die Augenwinkel wucherten. Er setzte sich zu Till ans Bett und weckte ihn.

»Mein Sohn«, sagte er leise.

»Wo?«, fragte Till.

»Ah«, sagte der Priester. »Haha. Ja. Ich wollte mit Euch sprechen. Habt Ihr Schmerzen?«

»Ich habe sie irgendwo hier stecken, aber ich finde sie gerade nicht. Ich zeige sie dir später«, antwortete Till.

Der Priester räusperte sich.

»Nun, lieber Eulenspiegel, ich bin gekommen, um Euch zu bitten, für Eure Seligkeit zu sorgen.«

»Wo ist die Seligkeit denn?«, fragte Till. »Wie soll ich das machen?«

»Ah, ganz einfach. Ihr wart ein abenteuerlicher Geist auf dieser Erde. Euch kennen viele Menschen. In allen Städten verkaufen sie die Eulen und die … was war es noch?«

Meerkatzen, wollte Till antworten, da er wusste, worauf der Priester anspielte. Aber etwas in ihm, vielleicht ein tiefer Leibschmerz, vielleicht ein Rest von Übermut, ließ ihn den Mund halten.

»Die verkaufen sie überall, lieber Eulenspiegel. Euer Name wird oft genannt, wenn es darum geht, dass irgendjemand einen Schaden erlitten hat. Dann sagt man: Bist du etwa dem Eulenspiegel begegnet? Ja, so sagt man. Ihr habt viele Sünden begangen in Eurem Leben.«

»Was kann ich dafür, was die Leute reden?«

Der Priester schüttelte den Kopf.

»Euer Fall ist nicht aussichtslos«, stellte er fest. »Ihr verfügt über eine Menge Geld, sagt man. An Eurer Stelle würde ich das Geld zur Ehre Gottes an arme Geistliche verteilen. Das rate ich Euch deshalb, weil es Geld ist, das nicht immer auf ehrlichem Wege angesammelt wurde. Man könnte behaupten, es gehöre Euch im Grunde gar nicht. Aber wenn Ihr mir etwas davon gebt, werde ich Euch dabei helfen, Euch von Euren Sünden reinzuwaschen. In ein paar Monaten solltet Ihr ganz geläutert sein, und dann wartet das Himmelreich auf Euch. Ich werde täglich Seelenmessen für Euch lesen lassen. Was haltet Ihr davon?«

Till setzte sich mühsam auf. Er breitete seine Arme aus, und dem Priester blieb nichts anderes übrig, als mit dem Schwerkranken eine innige Umarmung einzugehen. Als Till losließ, war das Gewand des Priesters voller Schweiß.

»Du bist von Gott geschickt!«, sagte Till. »Ich will dir von meinem Geld geben. Warte, ich hole es. Sei so gut und hilf mir auf.«

Er war sehr wackelig auf den Beinen, aber die Aussicht auf seinen … würde es wirklich sein letzter Streich sein? Kaum konnte er jetzt noch einen klaren Gedanken fassen, weil die Schmerzen alles überbrüllten. Bestimmt waren dies seine letzten Tage. Sein linkes Auge war blind.

Ich sollte lieber im Bett bleiben, dachte Till und schleppte sich, Schrittchen für Schrittchen, in eine angrenzende Zelle, wo eine Leibschüssel stand. Auf ihr ließ er sich nieder und gab seinen Darminhalt von sich. Es stank so entsetzlich, dass er davon hellwach wurde. Im linken Auge blitzte es.

Dann richtete er sich mühsam auf und holte eine Handvoll Geld aus seinem Rock. Das häufte er auf den Exkrementen zu einem silbern glänzenden Berg und ging damit zurück zum Priester. Dessen Gesichtsausdruck verwandelte sich, als er sah, was Till da in einer Schüssel brachte. Wie ein Kind, das zum ersten Mal auf dem Marktplatz einen Gaukler mit Meerkatze sieht.

»Aber greift bescheiden zu, lieber Vater«, sagte Till und stellte die Schüssel vor seinem Bett ab. »Seid maßvoll. Ihr sollt nicht dieselben Sünden der Gier und der Hinterlist begehen wie ich.«

»Natürlich«, sagte der Priester ernst.

Und er griff mit beiden Händen nach den Münzen.

»Aaah!«

Er stieß die Schüssel von sich, schüttelte die Hände, roch an ihnen, zuckte zurück und schaute sich verzweifelt im Zimmer um, wo besudelte Münzen überall verstreut lagen.

Till lachte.

»Du hinterhältiger Affe!«, schrie der Priester. »Jetzt wirst du niemals in den Himmel kommen.«

»Sieh nur genau hin«, sagte Till. »Geld und Menschendreck. Das ist alles, was es gibt auf der Welt. Sieh genau hin. Und nimm dir, so viel du willst. Das ist mein letzter Wunsch. Amen.«

In der Tat machte der Priester eine Bewegung, als wollte er sich auf die verstreuten Münzen stürzen. Aber dann hielt ihn etwas davon ab. Er blieb stehen. Seine Lippen waren in Ekel und Verachtung zusammengepresst. Dann lief er aus dem Zimmer.

## *Eulenspiegels Tod*

Als man Tills Leiche fand, war das Krankenzimmer vollkommen verwüstet. Alles war mit Fäkalien beschmiert, und die Einrichtung war zerstört. Der Tote selbst lag verdreht auf dem Boden, umrahmt von einer Kontur aus eingetrocknetem Leichenwasser.

Was hatte er in seinen letzten Stunden gedacht?

Nicht viel. Er war zu sehr damit beschäftigt gewesen, alles kurz und klein zu schlagen. Lebendiges war nicht in der Nähe gewesen, also hatte er sich mit Unbelebtem begnügt. Auszehrung und Entwässerung hatten ihn schließlich aus dem Leben gedrängt. Jetzt lag er da. Die Beginen, die den toten Körper entfernten und das Zimmer reinigten, brauchten starke Nerven.

Till Eulenspiegels Testament, das er in seinen letzten Tagen diktiert hatte, besagte, dass sein Geld zu gleichen Teilen auf seine Freunde, auf die Rats- und die Kirchherren von Mölln aufgeteilt werden solle. Wer seine Freunde waren, ließ er unerwähnt.

Nach und nach fanden sich viele ein, die für sich beanspruchten, zu Lebzeiten mit Till innig befreundet gewesen zu sein. Manche merkten an, er habe gar keine Freunde gehabt, also sei jeder, der sich selbst so betiteln wolle, herzlich eingeladen, es zu tun.

Im Testament stand, dass man seinen Leichnam in geweihter Erde bestatten und für seine Seele beten und Messen lesen lassen solle. Es fiel niemandem schwer, dies zu befolgen; man tat dergleichen ja schon seit Jahrhunderten, Tag für Tag. Der Erdenabschied dieses Mannes unterschied sich kaum von dem ungezählter anderer.

Und doch war etwas Seltsames an der ganzen Sache. Denn im Testament war von einer Kiste die Rede, in der das Geld verwahrt werde. Diese Kiste sei, so der Wortlaut des Dokuments, *nach Verlouff von vier Wochen uffzuschließen.* Man wartete geduldig, denn Kisten rannten nicht davon, schon gar nicht solche, deren Eigentümer gerade im Begriff war, zu Erde und Staub zu zerfallen.

Als die Freiwilligen – denn so durfte man jene, die sich als Eulenspiegels Freunde ausgaben, wohl nennen – im Beisein der Ratsmitglieder und der Kirchherren von Mölln die Kiste aufschlossen und hineinsahen, erschraken sie. Die Kiste war vollgefüllt mit Steinen, in Form und Größe jenen nicht unähnlich, die Till einst in Bremen als Schälke ausgesät hatte.

Ein Pfarrer behauptete, der Rat habe die echte Kiste gegen diese wertlose hier ausgetauscht, es sei eine Sünde, so zu verfahren! Die Ratsmitglieder verwahrten sich gegen solche Unterstellungen und entgegneten, jene sonderbaren und unverbürgten *Freunde* des Verblichenen seien die wahren Sünder, denn sie hätten die Kiste ausgetauscht!

Alle schrien durcheinander, und schließlich kam es zu immer heftigeren Handgreiflichkeiten, die darin endeten, dass alle, die auf das reiche Erbe Eulenspiegels gezählt hatten, seinen Körper auszugraben begannen. Aber vier Wochen waren eine lange Zeit, vor allem für einen Körper, der schon zu Lebzeiten enorme Fortschritte in Richtung Verwesung gemacht hatte: Was sie freilegten, konnte man nicht mal mehr im Zorn schütteln. Auch fanden sie kein Geld bei dem Leichnam. Eulenspiegels Totenschädel waren alle Zähne ausgefallen. Mit weit auseinanderklaffendem Kiefer lag er da und schien sie auszulachen.

Da schaufelten sie die Grube wieder zu und stellten auch den Grabstein zurück an seinen Platz.

## *Eulenspiegels Beerdigung*

Etwas haben wir zu erzählen vergessen. Die Beerdigung. So wie jeder Mensch einen Einzug in die Welt hat, der, zumindest in den meisten Fällen, von anderen bemerkt und mit einem gewissen Zeremoniell begleitet wird, so hat auch jeder einen Abgang, der freilich viel seltener von anderen bemerkt wird. Tills Abgang wurde bemerkt und zeremoniell begleitet, ging allerdings nicht ganz gewöhnlich vor sich.

Zunächst kam eine Sau ins Krankenhaus gelaufen und schabte ihr borstige, juckende Schwarte hemmungslos an der Totenbahre; und dann kam der Tote auch noch bäuchlings im Sarg zu liegen.

Wie das? Nun, schuld daran waren die alten Beginen, die Mühe hatten, den schweren Sarg hochzustemmen. Die Sau hatte ihn von den Schragen gestoßen, und als die Beginen ihn wieder hochstemmten, war der Leichnam verrutscht: Sein Bauch zeigte nach unten, sein Rücken nach oben.

Die Priester hoben die Arme und keiften, dass dies so nicht gehe.

»Ohne uns«, sagten sie.

Also blieb den Beginen nichts anderes übrig, als den Toten allein auf den Friedhof zu schleppen. Dort riss auch noch das Seil, und der jämmerlich auseinanderfallende Sarg stürzte mitsamt der Leiche in die Grube. Manche wollten gesehen haben, dass der Körper aufrecht im Grab zu stehen gekommen war. Was nun, bäuchlings oder aufrecht?

Die Meinungen darüber gehen auseinander.

Jedenfalls lag Till in ungewöhnlicher, seinem Leben an Wunderlichkeit keineswegs nachhinkender Stellung in der tiefen, engen Dunkelheit, von der er freilich nichts wusste und die ihn auch nicht mehr das Geringste anging.

Wie schon erwähnt, setzte man einen Stein auf das Grab, der übrigens noch heute dort zu bewundern ist. Auf diesem Grabstein ist eine kleine, prallgeplusterte Eule abgebildet, die einen großen Spiegel zwischen ihren Krallenfüßen hält. Die Inschrift, von ungeübter, der Schrift kaum mächtiger Steinmetzhand gefertigt, lautet:

DISEN STEIN SOL NIEMAN ERHABEN
HIE STAT ULENSPIEGEL BEGRABEN
Anno domini MCCCL jar

## Nachwort

Der Verfasser des wohl berühmtesten deutschen Volksbuches, in dem die Geschichte von Till Eulenspiegel erzählt wird, ist uns nicht bekannt. Vermutlich lautete sein Vorname Hermann, und sein Nachname begann mit einem B, so viel errieten Literaturwissenschaftler aus einem Akrostichon, das sich in den Kapiteln 90 bis 95 in einigen frühen Ausgaben findet: ERMANB. Es gibt viele Theorien zu seiner Herkunft und seinem Beruf. Möglicherweise war er der Wundarzt und Schriftsteller Hieronymus Brunschwig, möglicherweise der Humanist Hermann Buschius. In einigen modernen Ausgaben wird Hermann Bote, Zollschreiber und Chronist aus Braunschweig, als Verfasser angegeben.

Auch einen Till Eulenspiegel dürfte es wohl tatsächlich gegeben haben. Belege für seine Existenz sind allerdings rar. Wie im Fall des Doktor Johann Faust ist es am wahrscheinlichsten, dass sich mit der Zeit um den Kern einiger realer Vorkommnisse durch das fruchtbare Ritual des Weitererzählens ein reicher Bestand an Geschichten bildete. Diese Art von überlieferungstechnischem Schmetterlingseffekt ist nichts Ungewöhnliches oder Seltenes, man denke nur an die riesige Erzählmasse, die sich über die Jahrhunderte an die Namen Harun ar-Raschid, Alexander der Große oder Jesus Christus gehängt hat, und natürlich existiert diese Praxis auch heute noch, vor allem im Bereich der Verschwörungstheorien, dieser lebendigen Volkserzählkunst unserer Tage.

Um das Jahr 1515 wurden etwas mehr als neunzig Geschichten und Schwänke, Witze und Parabeln von Erman B. kompiliert und als die Schilderung des Lebens und der Taten des »Dil Ulenspiegel« herausgegeben. Das Buch wurde, neben Sebastian Brants kurz davor erschienenem *Narrenschiff* (1494), einer der größten Erfolge des ausgehenden deutschen Mittelalters und in der Folge in viele Sprachen übersetzt. Beide Werke teilen das Grundmotiv des ›Spiegels‹*: Fehler und Unzulänglichkeiten der Menschen werden deutlich gemacht und mit unterschiedlichen Mitteln der Lächerlichkeit preisgegeben.

Welche Mittel Till Eulenspiegel einsetzt, ist jedem Kind bekannt. Er ist spitzfindig, nimmt alles, was die Menschen sagen, wörtlich, stellt sich dümmer, als er ist, wieselt sich durch Schlauheit aus gefährlichen Situationen. Es ist wahr, dass allein in dem Akt des penetranten Wörtlich-Nehmens etwas Kühnes und Subversives steckt. Es verdeutlicht die Seltsamkeit dieses großen »Wörterbuchs verblasster Metaphern« (Jean Paul), aus dem die deutsche Sprache besteht. Wenn sich Till Eulenspiegel sozusagen selbst in die Redensart verwandelt, indem er sie stur zur Ausführung bringt, zeigt er den Leuten den Unterschied zwischen dem, was sie meinen, und dem, was sie wirklich sagen. Ein Sprichwort, eine Redensart ist eine Formulierung, die in der Zeit steckengeblieben ist, sie unterliegt nicht mehr dem Wandel, während sich um sie herum die Sprache verändert und neu organisiert. Nach und nach wird jedes Sprichwort fremd, unverständlich oder zu einer poetischen Luftblase innerhalb des Prosaisch-Alltäglichen. Diese Form von »gelebter« Sprachkritik hat nichts von ihrem Reiz verloren, noch tief im 20. Jahrhundert schrieb etwa der Science-Fiction-Autor Philip K. Dick die Kurzgeschichte *Augen auf!* (*The Eyes Have it*), in der ein Verrückter die Anwesenheit einer außerirdischen Spezies auf der Erde feststellt. Offenbar hatte er noch nie zuvor einen Roman in der Hand, denn als er einmal zufällig einen findet und zu lesen beginnt, stößt er auf Beschreibungen, die ihn

* Eine der möglichen Deutungen des Namens Eulenspiegel lautet »ick bin ulen spegel« (»Ich bin euer Spiegel«).

sofort an nicht-menschliche Aliens mit außergewöhnlichen Körpereigenschaften denken lassen:

> *... seine Augen glitten durchs Zimmer.*
>
> Ein unbestimmtes Schaudern überkam mich. Ich versuchte, mir die Augen vorzustellen. Kullerten sie wie Münzen über den Boden?
>
> [...]
>
> *... vor dem Kino trennten wir uns. Die eine Hälfte sah sich den Film an, die andere ging essen in die Kneipe gegenüber.*
>
> Zellteilung, ganz klar. Aufspaltung in zwei Hälften, die zu zwei selbständigen Einheiten werden. Die unteren Hälften sind wahrscheinlich in die Kneipe gegangen, weil sie weiter entfernt war, und die oberen ins Kino. Mit zitternden Händen las ich weiter.

Am Ende der Geschichte ist der Mann so verstört durch die Beschreibungen dieser unheimlichen Wesen, dass er innerlich aufgibt: »Sollen sie doch kommen. Sollen sie doch die Herrschaft über die Erde an sich reißen.« Am meisten irritiert ihn, dass all die unvorstellbaren Vorgänge in dem Bericht als völlig selbstverständlich dargestellt werden. Also muss die Invasion längst begonnen haben! Ein Auge auf jemanden werfen – was für ein kranker Irrer würde so etwas tun? Die »Lösung« des Problems ist eindeutig: Der Mann ist verrückt oder kognitiv beeinträchtigt, er nimmt alles wörtlich. Doch gleichzeitig hat er, in gewisser Weise, auch »recht« – denn er liest einen Roman, und darin geht es um Menschen, die nicht wirklich existieren. Literarische Figuren sind eine Form von Aliens, zumindest eine schattenhafte Nebenmenschheit, die nach eigenen Gesetzen lebt. Und ganz sanft wird in der Geschichte angedeutet, dass eigentlich er, der verständnislose Leser und hoffnungslose Interpret verblasster Metaphern, der wahre Außerirdische sein könnte. Denn wer ist verirrter, heimatloser, mehr fehl am Platz als er? Er ist vielleicht ohne seine Schuld auf diesen Planeten geraten und hält sich für einen Menschen. Aber etwas in ihm bleibt fremd und lässt sich nicht versöhnen mit den Gegebenheiten auf der Erde. In dieser Hinsicht gleicht dieser Leser dem Helden des vorliegenden Buches, Till Eulenspiegel. Für diesen ist das Wörtlich-Nehmen und absichtliche Missverstehen eine Waffe, mit der er sich die Menschheit vom Leib hält.

Im Fall des Volksbuchs von Till Eulenspiegel ist die Technik des rigorosen Wörtlich-Nehmens, die man im realen Leben höchstens aus der Gerichtspraxis kennt, wo dem Originalwortlaut eines Dokuments eine unbestreitbare Beweiskraft zukommt, tatsächlich aus der Rezeptionsgeschichte der deutschen Rechtsbücher erklärbar, die ja wie kaum eine andere bemerkenswert eng mit der deutschen Literaturgeschichte verbunden ist. Die reiche Tradition der deutschen Rechtsbücher, beginnend mit dem *Sachsenspiegel* im 13. Jahrhundert, verweist darauf, dass es im ausgehenden Mittelalter zunehmend wichtig wurde, zu wissen, welches Recht man selbst besaß. Jede Stadt hatte ihr eigenes Recht. Vor allem der an Einfluss gewinnende Händler- und Kaufmannsstand musste großes Interesse daran haben, seine Rechte und die Unterschiede in der Legislative wichtiger Handelsorte zu kennen, und das wortwörtliche Auslegen von Redensarten mag in dieser Sphäre eine nicht unbeträchtliche Rolle gespielt haben.

Auch die in einigen Episoden durch Eulenspiegel zelebrierte Problematik (und Poesie) der Unteilbarkeit bestimmter Mengen, wie z. B. Milch, die aus verschiedenen Behältern zusammengegossen wird und danach nicht mehr in ihre ursprünglichen Einheiten zurückgeführt werden kann, könnte aus einer Tradition schwieriger Rechtsstreitigkeiten stammen. Schuhe, die sich durch nichts von anderen Schuhen unterscheiden, können nur unter großen

Anstrengungen ihren eigentlichen Besitzern zugeordnet werden. Dieser Eulenspiegel'sche Spott über die Einteilungswut des Menschen ist bis heute nachvollziehbar und als satirisches Grundvokabular gut verankert.

Die meisten Menschen kennen Till Eulenspiegel aus späteren Auswahlbänden und Nacherzählungen für junge Leserinnen und Leser. Darin wird er stets als quirliger, verspielter, subversiver Narr dargestellt, der den Reichen und Mächtigen elegante Streiche spielt und den einfachen Leuten ihre Dummheit vorführt. Wenn man das Original liest, fällt allerdings auf, dass nur ein kleiner Teil der Geschichten in dieses mit dem Namen Eulenspiegel unauflöslich verbundene Erzählmuster fällt. Was haben die anderen, die *obskuren* Geschichten an sich, dass sie so wenig bekannt sind und so selten nacherzählt werden? Sind sie einfach langweilig oder uninteressant?

Nein, sind sie nicht. Aber sie zeigen eine ganz andere Figur als die weltberühmte. Till Eulenspiegels Aktionen richten sich in Wahrheit kaum gegen Mächtige und Vermessene, gegen den ausbeuterischen Klerus oder gegen bigotte und bornierte Mitmenschen, sondern meist gegen einfache Leute, gegen Bettler und Mittellose, gegen Untergebene und Ausgebeutete, gegen Tiere, Behinderte und Kinder. Und vermutlich ist gerade dies, das Aufbegehren gegen die Nächsten und nicht gegen Fürsten und Vorgesetzte, die viel tiefer verankerte und weiter verbreitete Grenzüberschreitungsfantasie der Menschheit, damals wie heute. Eigentlich sind die Eulenspiegeleien – man kann es, wenn man will, nachrechnen – in der überwiegenden Mehrzahl Geschichten über einen *Herbergsgast from hell*, der in das Haus braver und anständiger Menschen Unruhe, Chaos und Zerstörung bringt. Harold Pinter im 16. Jahrhundert. Die subversive, Willkür und Hybris der Menschen in Frage stellende Identität der Eulenspiegel-Figur ist, zu einem nicht geringen Teil, eine spätere Erfindung.

Hin und wieder zeigt Eulenspiegel tatsächlich einem Mächtigen, dass dieser nicht das letzte Wort hat, aber er amüsiert sich genauso eifrig und viel häufiger über das von ihm verursachte Leid armer, wehrloser, von Geburt an benachteiligter und gedemütigter Menschen. Er hat endlosen Spaß an Anschwärzung, Verletzung und Erniedrigung, an der Zerstörung von Gebrauchsgegenständen aller Art, daran, Nahrungsmittel zu verderben. Eine eigene Unterkategorie bilden die Fäkaliengeschichten, in denen Till seine Exkremente irgendwo hinschmiert oder hineinmischt. Mittel- und Machtlose werden von ihm gequält, während, ganz wie im richtigen Leben auch, nebenbei kleine poetische Momente entstehen: einer der schönsten und berühmtesten, wenn er einem Esel die Buchstaben I und A zu lesen beibringt. In der Wahrung des Verhältnisses von Entsetzlichkeit und Schönheit zeigt sich der unbekannte Verfasser des Volksbuches als Realist, durchaus auch im heutigen Sinn. Kaum etwas berührt seinen Helden oder weckt sein Mitleid. Mit heutigem Vokabular würde man Eulenspiegel als einen Soziopathen bezeichnen – oder schlichtweg als Arschloch. Die spätmittelalterliche Welt derber Schwänke entzieht sich freilich der Kategorisierung durch solche neuzeitlichen Begriffe. In ihr geht es, wie bei Witzen oder Zaubertricks, um den reinen *Effekt*. Jeder weiß, was am Ende einer Eulenspiegel-Historie geschieht, und weiß doch nicht, in welcher Gestalt der Schalk oder das Verderben diesmal auftreten wird. Man traut ihm, wie jedem Wahnsinnigen, alles zu, und das macht die Lektüre spannend.

Wenn man die Episoden ernst oder, in guter Eulenspiegel'scher Manier, *beim Wort* nimmt und ihrem Helden ein kohärentes Innenleben und eine Psychologie unterstellt, dann wird er zu einer rätselhaften, manchmal fast an die Romanhelden Knut Hamsuns erinnernden Figur. Ständig fragt man sich: Warum zum Teufel macht er das? Weshalb verhält er sich so, er schadet doch auch sich selbst, wieso hört er nicht auf? Natürlich ist auch eine solche

Figurenpsychologie eine spätere, eine neuzeitliche Erfindung und insofern im Kontext des Originalwerks unangebracht. Aber die Versuchung, sie in der Übertragung wenigstens punktuell zuzulassen, ist groß, und der Erzählwind, den sie erzeugt, ist von unwiderstehlicher Kraft. Mit ihr betritt man, als Nacherzähler wie als Leser, die vollkommen unmenschliche Welt eines Mannes, der nur tut, was ihm gerade durch den Kopf geht, der ausschließlich seinen eigenen Schmerz fühlt und im Grunde nur aus Oberfläche besteht; die Seele eines zu jeder Uneigentlichkeit und Verwandlung bereiten Tricksters, der Grausamkeit und Schlauheit zu einem unwiderstehlichen neuen Element vermischt. Wenn das Buch verfilmt würde, müsste Christian Bale diesen Eulenspiegel spielen.

Meine Auswahl aus den ursprünglichen sechsundneunzig Historien des Volksbuches versucht, den Abwechslungsreichtum des Originals wiederzugeben. Die poetischen Geschichten sind ebenso vertreten wie die verstörenden, grausamen und sinnlosen. Episoden, die allein von einem Wortspiel leben, das in heutigem Deutsch kaum wiederzugeben ist, habe ich weggelassen; niemand mag durch Fußnoten erklärte Komik. Die Grundgestalt der Historien habe ich in fast allen Fällen streng beibehalten. Wenn jemand im Volksbuch von A nach B geht, geht er auch in meiner Nacherzählung von A nach B. Die Abfolge der Figureninteraktionen ist dieselbe, Lage und Verhältnis der Körper, Richtung und Verlauf der Gespräche. Von mir stammt nur die Improvisation um den Erzählkern herum, Angaben zu Wetter, Land und Leuten, kurze Reflexionen und Fantasien und die eine oder andere nie mehr als drei, vier Zeilen lange Szene, in der etwas weitergesponnen oder zu Ende gedacht wird.

Mein Hauptkriterium für die Auswahl, abgesehen von der Wahrung eines ausgewogenen Verhältnisses bekannter und unbekannter Geschichten, lautete: *interessant*. Ich weiß, dies ist ein äußerst hässliches, seelenloses Wort, also sagen wir vielleicht besser: Es sollten Geschichten sein, in denen irgendetwas Ungewöhnliches berührt wird. Die Episode, in der Eulenspiegel einen Hund bei lebendigem Leib siedet, damit ihm das Fleisch vom Körper fällt, ist nicht in der Auswahl. Denn sie ist, so verstörend und unkanonisch sie auch sein mag, nicht wirklich interessant. Alles, was man als Nacherzähler zur Anschauung bringen könnte, wäre, wie der Hund verzweifelt aus dem Trog zu entkommen versucht und der indifferente, holzschnitthaft lächelnde Till danebensteht und ihm beim Sterben zusieht. Mit demselben Argument habe ich die berühmte Geschichte, in der Till durch ein Fenster in ein Haus einbricht, weil er eine Aufforderung seines Meisters wörtlich genommen hat, nicht berücksichtigt. Der Meister sagt: »Sieh das Haus da drüben mit den hohen Fenstern. Da geh hinein.« Einen Augenblick später kracht Till wie ein Vollidiot durch die Scheiben. In zwei Zeilen zusammengefasst ist diese Episode unterhaltsamer als in detailreich nacherzählter Form.

Wenn alle Menschen wie Till Eulenspiegel wären, würde nichts auf Erden funktionieren oder gedeihen. Gerade deshalb ist es befreiend, für die Dauer dieses Buches er zu sein. Zugleich kann es auch beängstigend sein, denn wer fühlt nicht jeden Tag in bestimmten Momenten eulenspieglerische Möglichkeiten in sich auflodern? Ein hässlich gescheiteltes, apfelgesichtiges Kind steht an einer Ampel – könnte man ihm nicht einen kräftigen Klaps auf den Hinterkopf geben, einfach so, ohne Grund? Und könnte man nicht diesem Bettler im Vorbeirennen die zottelige Regenkappe vom Kopf stehlen? Einflüsterungen von der mit dem Teufelchen besetzten Schulter unserer Persönlichkeit, die jedem gesunden Menschen intim vertraut sind.

Doch die meisten von uns werden niemals die Schwelle übertreten, die Till schon zu Beginn seines Lebens weit hinter sich lässt. *Ein kurtzweilig Lesen von Dil Ulenspiegel* ist daher vielleicht das Buch mit der freiesten Figur der deutschen Literatur. Nichts in unserem Leben bereitet uns vor auf diese äußerste, vollkommen nackte Freiheit, die nur eine Wimpernlänge vom Chaos entfernt ist – außer eben Geschichten.

Clemens J. Setz, Mai 2015

 Bezugspapier: Philip Waechter. Gesetzt in der Schrift Minion Pro. Gedruckt auf holzfreies, alterungsbeständiges Werkdruckpapier von der Memminger MedienCentrum AG. Gebunden in Fadenheftung von der Buchbinderei Spinner, Ottersweier. Printed in Germany. Erste Auflage 2015.
ISBN 978-3-458-20014-7

Insel Verlag Anton Kippenberg GmbH & Co. KG
Torstraße 44, 10119 Berlin
info@insel-verlag.de
www.insel-verlag.de